幼儿园一日活动
教育细节69例

王明珠 ◎ 主编

中国轻工业出版社

图书在版编目（CIP）数据

幼儿园一日活动教育细节69例／王明珠主编．—北京：中国轻工业出版社，2014.2（2023.10重印）
ISBN 978-7-5019-9531-8

Ⅰ．①幼… Ⅱ．①王… Ⅲ．①学前教育-教学参考资料 Ⅳ．①G613

中国版本图书馆CIP数据核字（2013）第269617号

责任编辑：吴　红
策划编辑：高　君　　　责任终审：杜文勇
责任校对：刘志颖　　　责任监印：吴维斌

出版发行：中国轻工业出版社（北京东长安街6号，邮编：100740）
印　　刷：三河市鑫金马印装有限公司
经　　销：各地新华书店
版　　次：2023年10月第1版第11次印刷
开　　本：710×1000　1/16　印张：12.5
字　　数：136千字
印　　数：30001—32000
书　　号：ISBN 978-7-5019-9531-8　定价：28.00元

读者热线：010-65181109，65262933
发行电话：010-85119832　传真：010-85113293
网　　址：http://www.chlip.com.cn　http://www.wqedu.com
电子信箱：1012305542@qq.com

如发现图书残缺请与我社联系调换

231604Y1C111ZBW

编 者 名 单

主编：王明珠
编委：张颖黎　肖　芳　吴颖颖　丁　瑜
　　　袁迎春　谢玉兰　张　丹　梅燕芳

前 言

空闲之余，我最喜欢看的是老师们写的教育案例，尤其喜欢从一个个生动、鲜活的案例中，从师幼互动的精彩片段中，捕捉来自幼儿的童真稚趣，分享教师的实践经历和智慧，感受幼儿园一日活动的多姿多彩，寻找与作者的共鸣之处，发现其思考的轨迹和心路历程，体验教师教育生活的幸福。阅读教育案例的过程充满愉悦，对我来说是一种忙里偷闲的休憩方式。

一日活动是幼儿在幼儿园一天的全部经历，是为满足幼儿生命成长的需要所展开的一切活动，它包含了以生活、游戏、学习、运动为内容的所有活动环节。幼儿的学习与发展是在一日活动中进行的，幼儿的吃、喝、拉、撒、睡、玩、探究、交往等活动对幼儿的学习与发展都有积极的意义，"融教育于一日活动"是幼儿教育的一个显著特征。幼儿在园的每一天，总会有一些值得我们关注、回眸的故事发生，也总会有一些具有教育价值但也容易被人们忽视的细节需要我们去捕捉。

细节，意即不起眼的小环节、小事。"细节"一词对于幼儿园一日活动意义重大：幼儿的学习中蕴含细节，游戏活动少不了细节，幼儿的生活管理更离不开细节，一个个细节构成了教育的整体。每一个教育细节中，都蕴含着丰富的、促进幼儿学习与发展的契机，能否发现细节、捕捉细节、解读细节、挖掘细节，并在细节中找到支持、引导幼儿学习与发展的机会，提高一日活动的品质，直接考量教师的专业水准，折射出教师的教育理念和智慧。有品质、有质量的一日活动，必然离不开许多精彩的教育细节。关注细节，就是关注幼儿；追求细节，就是追求品质。

编写本书的目的之一，就是希望引起教师对幼儿园一日活动中教育细节的关注，在幼儿园一日活动的每个环节中，在每一环节的每个细节中，融入对幼儿发展的关注，并将教育影响自然地渗透其中。在幼儿园一日活动中那些可能不被人注意的地方，在那些看似无关紧要的细微之处，教师要关注幼儿的所言、所行、所需、所好、所思。更为重要的是，教师要能够用正确的教育理念，对教育细节做出正确的价值判断，采取适宜的教育行为，有效地促进幼儿的发展。

编写本书的目的之二，就是希望能与大家分享幼儿园一日活动细节管理的点点滴滴，交流一日活动教育细节案例中的经验和思想，促进教师的专业成长，提升教师的职业幸福感。教育案例，既是对师幼幸福生活的记录，也是教师基于自身实践经验的反思。撰写教育案例，是一种"记录—反思"的行动研究方式。教师每天和幼儿一起生活，只要稍加留意，就能够在一日活动中捕捉到很多生动、鲜活、值得回味的事例，如果教师能及时地记录、解读、分析、思考，梳理成功的经验，那么这些事例就会成为有价值的教育案例，成为教师自己积累的研究素材，这个收集、整理、积累的过程，也就是教师实现自身专业发展的过程。

全书一共九章，分别从来园，户外身体锻炼，饮水、盥洗及如厕，学习活动，游戏活动，餐点，午睡，离园，过渡等九个活动环节展开。这样的内容安排，体现了对幼儿园一日活动的每一个环节的重视，体现了对幼儿学习与发展的整体性的尊重。本书基本上按照幼儿来园后的一日活动顺序编排，这样的编排顺序，有利于体现幼儿园一日活动的次序性和衔接性。本书的每个章节分别由若干个反映该环节教育细节的案例构成，这些案例都来自于真实的教育情境，相信读者一定会备感亲切，同时又能获得启示。

丰子恺先生在《丰子恺画集》"代自序"诗中写道："最喜小中能见大，还求弦外有余音。"如果说丰子恺先生着力在小小的漫画中表达对生活的思考的话，那么，本书则试图用教育细节案例分析的方式，通过呈现情境、描述过程、表达观点、提供建议等，表达对幼儿园一日活动中的教育问题的思考。

本书中篇篇案例饱含着教师对幼儿的真挚爱意，字里行间透露出教师对一日活动教育细节的关注与思考。教师用敏感的心去捕捉一日生活各环节中有价值的教育事件，用敏锐的眼光去观察幼儿多姿多彩的表现，蹲下身来努力去理解幼儿的所思所想，在积极的师幼互动中，给予幼儿支持与鼓励。一个个独到的见解和分析，反映了教师理论联系实际、直面问题进行探索的研究精神。

 前言

  本书由张颖黎、肖芳、吴颖颖、丁瑜、袁迎春、谢玉兰、张丹、梅燕芳八位"王明珠名师工作室"成员共同参与编写,由本人统稿并主编。本书凝聚了团队的集体心血和智慧。在撰写每个章节(活动环节)之前,写作团队都要根据《幼儿园教育指导纲要(试行)》、《3—6岁儿童学习与发展指南》的精神,对该活动环节进行细致的解读,正确认识其在一日活动之中的价值定位,随后以"头脑风暴"的形式,对教育实践中的教育细节案例进行辨析和筛选,挖掘大家一致认可的教育价值点,寻找最为合适的切入点展开叙述,力求案例的可读、可解、可赏、可学,最终达到"小中见大,弦外有音"的效果。

  由于时间仓促,学识水平有限,书中部分案例的描述可能还不够清晰,分析得还不够透彻,粗疏漏缺在所难免,敬请各位读者批评指正!

王明珠
2013年8月28日

目　录

第一章　伸出你的手——快乐的一天开始啦

1. 问好的艺术 ·· 2
2. 察言观色——晨间必修课 ·· 4
3. 点"兵"点"将"，精彩亮相 ·· 5
4. 来园记录，幼儿的另一种表达方式 ······································· 7
5. 谈话间，别有精彩 ·· 9
6. 金金受伤后 ·· 12
7. 习惯养成始于晨 ·· 15
8. 苗苗有多高——自然角里的探究故事 ································ 17

第二章　迎着风儿奔跑——运动"嗨"时刻

9. 足球运动"嗨"起来 ··· 22
10. 快乐运动不需要等待 ··· 24
11. 运动计划我做主 ··· 26
12. "折翼天使"的运动计划 ·· 29
13. 巧收拾方便你我他 ·· 31
14. 跳跳袋的新生命 ··· 33
15. 换个位置放器械 ··· 35
16. 衣着服饰大检查 ··· 38

第三章　好习惯伴随你我——饮水、盥洗及如厕

17. 运动后，少量多次慢喝水 ……………………………… 42
18. 小手闻一闻 ……………………………………………… 44
19. 小小值日生，老师的好帮手 …………………………… 47
20. 花草类比促喝水 ………………………………………… 49
21. 老是上厕所的轩轩 ……………………………………… 51
22. 如厕，男孩女孩不一样 ………………………………… 54
23. 憋尿的孩子 ……………………………………………… 56

第四章　张开智慧的翅膀——学习进行时

24. 小座位，大学问 ………………………………………… 60
25. 邂逅"情境" …………………………………………… 62
26. 操作材料，简单实用就好 ……………………………… 65
27. 用好教学"道具" ……………………………………… 68
28. 一米到底有多长 ………………………………………… 71
29. 肢体语言的魅力 ………………………………………… 73
30. 智慧应答，让教学更有效 ……………………………… 75
31. 小小改变，让"冷门区"也抢手 ……………………… 78
32. 多一点选择，多一份创造 ……………………………… 80

第五章　我的游戏我做主——共享游戏的快乐

33. 游戏计划卡的妙用 ……………………………………… 86
34. 快乐游戏从选择角色开始 ……………………………… 89
35. 娃娃搬新家，小鬼来当家 ……………………………… 91
36. 游戏规则，我们一起来制定 …………………………… 94
37. 老游戏，新玩法 ………………………………………… 97
38. 让"淘汰"变得轻松愉快 ……………………………… 99

39. 建构游戏新创意 ………………………………………… 102

40. 玩具取放巧安排 ………………………………………… 104

第六章 享受在美食美刻——共享美味餐点

41. 创设环境，让幼儿吃饱吃好 …………………………… 108

42. 快乐午餐不挑食 ………………………………………… 110

43. 餐垫的妙用 ……………………………………………… 113

44. 午餐伙伴自己选 ………………………………………… 115

45. 盛饭也有秘密 …………………………………………… 117

46. 饼干拼图 ………………………………………………… 120

47. 放手也是一种智慧 ……………………………………… 122

第七章 轻吟一首摇篮曲——温馨午睡时光

48. 让孩子轻松入眠 ………………………………………… 126

49. 睡前多关注，"宝贝"藏不住 ………………………… 128

50. 晒鞋子的学问 …………………………………………… 130

51. 不要让午睡成为幼儿的负担 …………………………… 133

52. 音乐唤醒，让"美梦"延续 …………………………… 136

53. 学会放手，才是真爱 …………………………………… 138

54. 散步亦散心，排队也好玩 ……………………………… 140

55. 户外散步也精彩 ………………………………………… 143

第八章 共谱家园协奏曲——离园时间也精彩

56. 问问猜猜，离园活动也出彩 …………………………… 148

57. 说说你，说说我 ………………………………………… 150

58. 班级新闻大家"侃" …………………………………… 152

59. 每日一画，离园时间巧安排 …………………………… 155

60. 给孩子一点"整理"的时间 …………………………… 157

61. 亦师亦友，真情沟通 ······ 160
62. 离园聊天室，家园沟通新天地 ······ 163
63. 离园安全细关注 ······ 166

第九章 活动环节巧衔接——轻松来过渡

64. 一日生活中的"音乐驿站" ······ 170
65. 在"纠纷"中成长 ······ 172
66. 面对"搭末班车"的孩子 ······ 174
67. 手指游戏趣多多 ······ 177
68. 少控制多自主，过渡环节更从容 ······ 182
69. 我值日，我管理 ······ 184

第一章

伸出你的手
——快乐的一天开始啦

倾听世界的美丽与深邃，不只是靠耳朵，还要靠眼睛、鼻子、手、脚……最重要的，是靠心灵，靠热爱生命和生活的心灵。

——摘自《左手智慧右手爱》（崔修建著）

1. 问好的艺术

幼儿园美好的一天从孩子们来园开始。每天早上，钱老师都会早早地来到小二班活动室门口，迎接班里那群可爱的宝贝们。他们犹如一道道七彩霞光，在每一个清新的早晨散发着自己耀眼的光芒，拉开幼儿园生活的序幕。

案例呈现

阳阳，这个长得壮壮的小男孩像往常一样早早地来园。他像一匹脱缰的野马朝教室门口一路奔跑过来，嘴里还响亮而干脆地喊着："老师早！小朋友早！"钱老师连忙张开双臂一把抱住他，一边缓住他急往前冲的势头，一边微笑着点点头说："阳阳早！我知道你很想早点来幼儿园玩游戏，可是走路要学小猫轻轻地，这样才有礼貌哦。去选一样自己喜欢的玩具，和好朋友一起玩，好吗？""好！"阳阳响亮地回答着，放慢了步子走进教室，找到最喜欢的乐高积塑玩了起来。

不一会儿，琳琳和妈妈牵着手来到了门口。"哦，是琳琳来了啊！几天不见，我们都很想你。现在身体好了吗？"琳琳轻轻地点了点头，琳琳妈妈在旁忙说："好多了，休息了几天，肠胃调理得差不多了，就是还不能吃太油腻的东西，要麻烦老师多照顾了。""没关系，我们会注意的，您就放心吧。"钱老师回答着，随即转过头微笑着对琳琳说："几天没见，琳琳想老师了吗？"琳琳略带腼腆地微微点了下头。"琳琳，赶快和老师打招呼啊！"琳琳妈妈急忙提醒着。"老师已经好几天没听到琳琳的声音了，来，和老师说句悄悄话吧。"说着，钱老师把耳朵凑到了琳琳跟前。琳琳一下子笑了，轻轻地在老师耳边说："老师早。""琳琳，欢迎你回来！"钱老师给了她一个大大的拥抱，然后，转过身对刚来园的几个孩子说："看，今天琳琳来了呢，我们赶快和她打个招呼吧！""琳琳早！"孩子们热情地喊了起来。"小朋友早。"在同伴的问好声中，琳琳自然、愉快地回应着，不一会儿，就和大家一起玩起了班里的新玩具。

时间过得真快,眼看孩子们快来齐了,突然不远处传来一个带着哭腔的声音:"我要回家……"钱老师迎上去一看,原来是妞妞正在奶奶怀里撒娇呢。看到老师,奶奶马上说:"老师早!妞妞,赶快和老师问好啊。"可妞妞把头埋在奶奶怀里不吭声。"妞妞来啦,老师可一直在等你哦。""就是啊,你看,老师多喜欢妞妞啊!"奶奶马上说。"不光老师和小朋友,我们教室里的小金鱼也最喜欢妞妞了,可它们早饭还没吃,肚子饿得咕咕叫呢。走,我们去给它们喂食吧。"说着,钱老师微笑着牵起了妞妞的手。妞妞恋恋不舍地和奶奶道别,随老师一起来到了自然角。看着鱼缸里一红一黑两条金鱼,钱老师轻轻地说:"小红,你好!小黑,你好!"妞妞也跟着老师说:"小红、小黑,你们好。"她一边给小金鱼喂食,一边还在问:"小红,好吃吗?"不知不觉地,妞妞就和旁边的小朋友聊起了关于小金鱼的话题。

来园接待虽然只是幼儿园一日生活中的一个小环节,却是幼儿离开熟悉的家人、转换交往对象和生活环境的典型时刻,是幼儿一日愉悦情绪开启的重要时机。不同性格特点的幼儿在来园时会有不同的表现,教师应该关注幼儿的个性特点、情绪表现,采用不同的问好方式和幼儿进行互动交流,帮助幼儿调整情绪状态,以便他们更好地投入到后续的活动之中。

比如对于阳阳这样外向、热情甚至有点莽撞的幼儿,教师在给予热情回应的同时,更需要用动作、语言等进行暗示、引导,帮助其稳定情绪,明确后续活动的指向,并提示其注意活动规则,以便更好、更快地进入来园后的游戏状态。

对于像琳琳这样几天没上幼儿园、情绪有些不稳定的幼儿,教师应给予更多的热情,借助拥抱、悄悄话等比较亲密的方式快速拉近与幼儿的距离。同时,借助同伴的力量,让她感受到集体生活的乐趣。

而像妞妞这样内向、胆怯、"慢热型"的幼儿,更需要一个温暖、宽松的环境,以便形成安全感和信赖感。对于这一类孩子,教师应给予更多的关爱、更细致的照顾和交流。比如来园时可以主动地抱一抱、亲一亲孩子,以建立亲密的、可信任的关系。同时,选择孩子感兴趣的事物吸引他们的注意力,引发他们与教师进一步自由、愉快地交流。在此基础上,再循序渐进地引导幼儿主动和老师、同伴问早问好，积极、愉悦地参加活动。

来园接待，看似简单的一个问好，却饱含着教师对幼儿的尊重、热爱以及教育的智慧。就让我们从每一天和孩子的第一句话、第一个微笑开始，春风润物般地走进他们的心灵，洒下阳光和温暖，共同开启美好的一天。

（江苏省太仓市城厢镇幼教中心　谢玉兰）

2. 察言观色——晨间必修课

早晨，小佳来到教室，与以往不同的是，这次小佳没有主动和老师问早，而是默默地走了进来。原本活泼开朗的他今天情绪有些低落，看来是有什么心事。老师带着疑问走上前去，主动和他打招呼："早上好，小佳。"小佳轻轻地回了一声："老师早。"老师把他拥在怀里，继续和他交谈："小佳今天好像不太高兴啊，也没有精神，怎么啦？"小佳悄悄地对老师说："今天妈妈不来接我了。""哦，是吗？不过没关系呀，今天妈妈有事不能来接你，回家还是可以见到妈妈呀。""妈妈明天也不来，后天也不来了，后后天也不来了，妈妈出差了。"小佳说着说着眼眶都红了，眼泪在眼眶里直打转。哦，原来小佳想妈妈了，妈妈因为工作出差，导致小佳的情绪产生波动。老师一边想着如何安抚小佳的情绪，一边说道："其实妈妈没有离开小佳，妈妈已经住在小佳的心里啦，虽然妈妈出差离开了小佳，但小佳还是有办法听到妈妈的声音，看到妈妈呀。"小佳听了老师的话，情绪有些稳定了："我可以给妈妈打电话，还可以在电脑上看到妈妈。"老师说："好办法！其实妈妈也很想你，很想知道小佳在妈妈不在的时候开不开心，做了哪些事情。我们每天为妈妈画一幅画，把每天最开心的事情画下来，等见到妈妈的时候告诉她，好吗？"小佳是个爱画画的孩子，这个建议估计能够被他接受。果然，小佳脸上的表情舒展了，他朝老师点点头，擦干了眼泪。老师拉着小佳的手，问他："现在，你想玩什么？""积木。"小佳走向自己喜欢的游戏区，笑容重新回到他的脸上。

中午空闲的时候，老师把小佳的情况用短信的方式告知小佳的妈妈，并提醒她每天都要打电话或者通过视频和小佳交流，并且和小佳聊聊"每天最开心的事"。第二天早上，小佳来园，他声音清脆地跟老师打招呼："老师早！"看来小佳今天心情不错。"昨天和妈妈聊天了吗？"老师问。小佳开心地点点头，说："嗯，妈妈说我画的画很好看，今天要画什么给妈妈看呢？"

案例中，小佳因为妈妈出差见不到妈妈而情绪低落，教师发现小佳情绪异常，及时和小佳聊天、交流，了解他不开心的原因，通过疏导帮助他调节低落的情绪，让小佳回到正常的活动状态。当然，教师的教育引导并没有止于晨间接待，而是在其他时间继续跟进。比如，在午休时间和小佳妈妈及时沟通实现家园教育的一致性，使得教师的教育策略得以延续，帮助小佳的情绪逐步平复。

早上来园环节，是孩子在园一日生活的起始环节。晨间接待，是教师和孩子一天中的第一次亲密接触。察言观色，是教师的晨间必修课。教师在晨间接待时，必须要有关注孩子的意识。教师要特别关注孩子来园时的身体、情绪状况，学会从孩子的衣着、仪容、脸色、声音、表情等细节发现一些信息，以此分析、判断孩子早上来园时的身体、情绪是否正常，如有异常应及时做出回应与处理。比如：观察孩子的表情，判断孩子的情绪，发现孩子的问题所在，并及时进行疏导；关注孩子的口袋，也许会发现不该带来的零食、危险物等；细听孩子讲话的声音，细看孩子的脸色，发现孩子的健康隐患；看看孩子的衣着是否合适，如不合适及时和家长联系，予以调整；检查孩子的皮肤是否有新伤痕，及时和家长沟通，以避免不必要的误会。

（江苏省太仓市实验幼教中心 张颖黎）

3. 点"兵"点"将"，精彩亮相

点名是每天的"班级例行活动"。当一件事变为生活例行，就容易像说话、

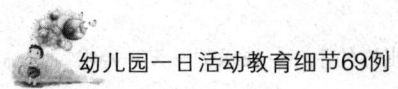

走路那样成为一种习惯，而如果方式一成不变的话，就会让人感到乏味。其实，教师只要尝试一些小小的改变，这种乏味就会变成生活的一种趣味，这种趣味背后则隐藏着很多教育玄机。

  看到老师拿起点名本，孩子们赶紧坐好，眼神里充满了期待。"宝贝们，精彩亮相开始啦！你们准备好了吗？"肖老师问道。"早就准备好啦！"承承迫不及待地回答。"恒恒！""到！"一声响亮的回答伴随着一个威武的铠甲勇士Pose。"很酷，相信你一定是一个正义的铠甲勇士。""小蕾！""到！"一朵盛开的"鲜花"展现在大家面前。"花儿很美，记得要经常浇水施肥哦！""琳琳。"没有人回答，肖老师再次叫道："琳琳！"还是没有人回应，旁边的小朋友着急起来："琳琳，轮到你啦！"可是琳琳还是没有勇气站起来回答，于是肖老师走到她的身边，拉起她的小手轻声说："琳琳，说'到'。"琳琳这才慢慢地站起来，用很小的声音说："到。"可是小朋友们都抗议："声音太轻了，我们都没听见。""没关系，老师和琳琳旁边的小朋友都听到了，而且她站起来的样子真像一个优雅的小公主。琳琳如果下次能让其他小朋友也听到你的声音就好了。"琳琳轻轻地点了点头。"阿轩！""老师，阿轩今天没来。"阿轩的同桌瑶瑶说。"哦，谢谢你瑶瑶，我正要告诉大家呢，阿轩的妈妈早上打电话来说他今天发烧了，要请两天假。"听到这个消息，孩子们马上议论起来。有的说："阿轩肯定是感冒了。"有的说："阿轩肯定是衣服穿少了。"……"宝贝们，你们说的都有可能，等会儿我让陆老师打个电话再细细地问一问，到时候再告诉你们，好吗？""子瑜！""到……"一向开朗的子瑜今天显得有气无力，连她最喜欢做的小魔仙变身动作也不够"标准"了。"子瑜宝贝，你怎么了？"肖老师关切地问道。"老师，我喉咙有点疼。""哦，最近的天气时冷时热，很容易生病，记得要多喝水。""承承。"精彩亮相继续进行着……

  相信很多教师曾经尝试过很多种点名方式，如小组点名、单双数点名、男孩女孩交替点名、逐一报数点名等,这些方式便捷、快速而且对幼儿数概念的发展有一定的帮助,但是多少欠缺了那么一点儿趣味性,也忽视了对幼儿身体与情绪的关注。"精彩亮相"这种点名方式既满足了孩子们好奇、好动的性格特点,也让教师在孩子短暂的亮相中准确了解他们的身体状况与心理动态。所以,千万别小看这个环节,短短的几分钟时间,却是教师深入了解孩子的最佳时机。如果孩子的表现是面带微笑并且充满自信,那么表明他今天的身体状态非常好,情绪也不错,只要给予一些鼓励和引导,他一定会表现得更好;如果孩子的表现一反常态,那就需要引起教师的重视了,一句关心的询问能让你了解幼儿反常背后的原因,也能引发幼儿同伴间的相互关怀。与此同时,对于班内特殊儿童或特殊事件的关注,能让孩子成为有责任心、懂得爱的人,在这样的氛围中,孩子的集体归属感会不断增强,班集体也会变得温暖无比。

(江苏省太仓市实验幼教中心 宵芳)

4. 来园记录,幼儿的另一种表达方式

最近,大一班正在开展"走进小学"的主题活动,班里组织了很多幼小衔接活动,为幼儿顺利进入小学、尽快适应小学生活做好心理准备。在这个主题中,有一个数学活动"认识时钟"。在活动实施后,为了让幼儿进一步学习看时钟,培养幼儿的时间观念和按时来园的习惯,刘老师和幼儿约定:"明天开始要玩'时间小主人'游戏,每天早晨,每个人要记录下自己来园的时间,看看会有什么有趣的发现。"刘老师设计了一张大大的记录表,在上面写上每个幼儿的名字,然后教幼儿在表格中记录自己每天来园的时间,并鼓励幼儿以不同的方式记录。考虑到幼儿还不能很准确地看时钟上显示的时间,因此,教师在表格中幼儿名字后面留有两个大空格,幼儿可以在其中一格的图片钟上直接"画时间",在另一格

中根据电子钟用数字记录时间。

早上，刘老师早早地来到活动室，看见苗苗在图片钟上画上了时针和分针，在后面的空格中记录了电子钟上显示的时间"7:28"。他的聪明让刘老师刮目相看，于是她邀请苗苗做今天"时间小主人"的负责人，将自己的方法讲给后来的孩子，并和其他孩子一起完成进班的时间记录。

晨间谈话时间，刘老师和孩子们聊起了今天的"时间小主人"记录情况。孩子们看着自己和同伴的记录，发现了很多有意思的问题。比如，苗苗发现叮叮画的钟上短针（时针）指在7和8中间，数字记录的是7:45分，原来只有整点的时候短针（时针）才是正好指着数字的；若彤发现自己看好钟的短针和长针，但是还没画好长针就跑掉了，原来，时间跑得很快，一不抓紧，它就过去了；婷婷发现好多小朋友都是8:05、8:10来到班级的，可是小煜是9:05来的，那时晨间锻炼都结束了。于是，刘老师提议大家一起统计一下，今天有多少小朋友是在8点之前就来到幼儿园了，有多少小朋友是在8:30前来到幼儿园的，又有多少小朋友迟到了（8:30后来的），迟到的明天要早点来。

就这样，幼儿坚持每天早上记录来园的时间。有一天，刘老师发现钦钦在记录表里画了一个蛋糕，一问才知道，原来这天是他妈妈的生日。于是，晨间谈话时，刘老师让钦钦向大家介绍了他的记录，并鼓励别的小朋友也在记录表里记录一些信息，表达各自的想法和心情。

发现了这样的记录活动的价值之后，刘老师和孩子们进行了更多有价值的晨间记录。比如：持续记录了一个月气温的变化和每个孩子身上所穿衣服的件数，感受从初春到春天气温变化与人们生活的关系；记录了春天开放的不同花朵花瓣的数量，认识不同科目的植物的特征，等等。

幼儿园一日活动的每个环节都蕴含着教育契机。刘老师利用"晨间来园"这个时段，引导幼儿学习看时钟、记录来园时间，把数学活动拓展到了一日生活中，体现了"在生活中学习数学"的理念。幼儿在记录时间的过程中，感受到了时间会流逝的特征，以及时间与人们生活的关系，养成了初步的时间观念；教师则通过幼儿的记录，了解到幼儿的已有经验和认知水平。刘老师还关注到了不同幼儿

的不同记录方式,及时引导幼儿分享、交流记录中的发现,有效提升幼儿的经验;发现个别幼儿与众不同的记录,适时拓展幼儿记录的内容,满足幼儿情感表达的需要,同时也发展了幼儿的记录能力。来园记录给每个幼儿提供了自主表达和交流的空间,它使幼儿的学习像呼吸一样自然,使教师的指导如细雨般润物无声,幼儿在与环境、同伴的自然互动中获得发展。

  记录是幼儿表达思想和情感的一种方式。教师要重视幼儿的记录,给幼儿创造记录的机会。晨间来园时的记录,记什么、怎么记,要符合不同年龄段幼儿的发展水平和兴趣特点。比如,小、中班幼儿早上来园,教师可以提供一些笑脸和哭脸,让他们选择相应的图片表达自己的心情,大班幼儿则可以画一画自己的心情。《儿童的一百种语言》中写道:"孩子有一百种语言,一百双手,一百个想法,一百种思考、游戏、说话的方式……"同样,幼儿有一百种记录的方式,教师要尊重不同幼儿不同的记录方式,从幼儿的记录中去解读幼儿、了解幼儿,并引导幼儿关注同伴的记录,相互分享记录,体验记录的乐趣。

(江苏省太仓市新区幼教中心 袁迎春)

5. 谈话间,别有精彩

生命在每一天的早晨,

都是全新的开始。

夜的疲惫已褪落,

洒满晨露的流痕。

空空的我去寻找,

那是今天的精彩。

——摘自网络小诗

  一日之计在于晨。晨间来园,是幼儿一日生活的开始,虽短暂却充满趣味。谈天说地、照料花草、自由嬉戏,孩子们享受着来自同伴和老师的热情,分享着近日快乐的经历。这时的活动室充满欢声笑语，满溢着清新温暖。而晨间谈话是来园时光中最热闹的时刻，这时的孩子大多是乐于表达和交流的，不似集体活动时的中规中矩，而是闲散随性。晨间谈话时说什么、怎么说、为什么说以及如何利用好这个看似平常的短暂时光等问题，是需要教师们加以思考的。

案例呈现

春日里，清风阵阵，柳影婆娑。阳光透过树叶的间隙，斑驳地洒在孩子们雀跃的脸上。晨间锻炼后，孩子们似乎有了一个新话题，因为户外活动时，很多孩子发现天空中飘着许多"雪花"。刚坐下，非非就迫不及待地开口问："老师，刚才下雪了吗？怎么春天还会下雪？"

没等老师回答，几个小家伙就抢着说："那个不是下雪，是棉花！"

老师笑着问："真的是棉花吗？谁有其他的想法？"

又有孩子猜测："会不会是羽绒服里的绒绒？"

"绒绒？现在是春天了，没有人穿羽绒服了啊！而且，怎么会有那么多的绒绒呢？"老师提出疑问。

"我知道，有一种草，风一吹，它就会飞的！"舟豪着急地补充道。

老师接话："你说的是不是蒲公英？"舟豪连连点头。

见孩子们兴致勃勃，老师提议："那我们再去看一看外面的'雪花'到底是什么，好不好？"

于是，老师和孩子们走出了教室，来到了操场外面的马路边，马路两边密密地种着两排柳树。

孩子们在路边仔细地观察着、寻找着："好像不是从天上掉下来的，是从树上飞下来的！"

"对，就是从柳树上飞下来的，老师，你看，我抓到一个！"

"老师，我也抓到了，你看还有好多！"

"老师，这是什么？是不是柳树的花？"

孩子们兴奋地谈论着，和同伴分享自己的发现。

就在今天的晨间谈话里，孩子们知道了春天柳树上会出现一种"雪花"，叫柳絮。而柳絮的作用，也许是下一次晨间谈话的好话题。

老师和孩子们商量，把最近的晨间谈话主题定为"春天里的新发现"，小朋友们每天都可以说说自己在春天里的发现。有了这个话题，孩子们更主动地去观察和发现周围的世界，更关注春天里植物、天气的变化。

晨间谈话，看似随性，却是一日活动中不容错失和忽略的环节。案例中，教师抓住了孩子探索的兴趣，带着孩子走出教室去观察和发现，为孩子关注周围的世界起了好头，为一天的活动准备了好心情。短短的时光，却是让孩子说话的宝贵机会，能让孩子体验用语言交流的乐趣，也能让老师和孩子在轻松自然的交流中有更多情感上的沟通。

在晨间谈话的组织上，教师需要留心和用心。寻找话题，确定形式，都很有文章可做。在有限的时间里，教师要让孩子说自己想说的、说自己能说的、说自己会说的。

在内容的选择上，可以如案例中所呈现的，让孩子们说说晨间来园、锻炼时的新发现，作为晨间活动总结或前一天教学活动的延伸；亦或是结合季节变换、孩子的探索兴趣，进行一些以丰富知识、开拓视野为目的的话题；也可以谈论孩子们平日里感兴趣的话题，询问和倾听他们对一些事情的意见等。比如周一，可以说说周末有趣的外出经历，相信孩子们会有很多的话想和大家分享；也可以请孩子们商量接下来的几天谈话的话题，以便早做准备，有话可说；可以在需要幼儿有较多经验的集体活动开始前和主题活动进行中，开展相关的谈话，作为知识经验的准备或拓展；也可以利用视频、图片，让孩子看看、说说。

谈话的形式更要经常变换，才能充分激发孩子参与的兴趣，也能让谈话更加生动愉悦。比如案例中，让孩子走出教室，去大胆发现和观察。操场上、马路边、草地上、花架下，园里园外的各个角落都可以成为开展晨间谈话的绝佳场所。另外，集体谈话时，可以采用同伴邀请的形式——传递"小话筒"，即请当天发言的孩子在一定数量的同伴照片上贴上"小话筒"，次日的晨间谈话，便可以请这些被邀请的孩子说说自己感兴趣的话题。游戏邀请的形式也是孩子们喜闻乐见的，可以和"点兵点将"游戏相结合，点到的小朋友便有了发言权。除了集体谈话外，小组谈话、自由寻找同伴谈话更能让孩子主动交流、畅所欲言。

每个孩子心里都藏着一个明亮、多彩的小天地，他们需要表达、需要倾诉，也需要在聆听、交流中走近彼此，了解世界。教师只要用心地感受孩子、了解孩子，就能让晨间谈话成为孩子喜欢的美好时光，成为一日活动交响曲的美妙前奏。

（江苏省太仓市艺术幼教中心　吴颖颖）

6. 金金受伤后……

案例呈现

某个周一的早上，金金小朋友在奶奶的陪同下来园了，大老远梅老师就看见她的左眉骨上包着白色的纱布，特别显眼。因为正好是升旗仪式的时间，所以梅老师只是向家长大致地了解了一下情况。不过，梅老师注意到小朋友们都用异样的眼神看着金金，充满了无数个"为什么"、"怎么了"。

升旗仪式结束后回到活动室，等孩子们都坐好之后，梅老师把金金请到了前面，让大家先看看今天的金金和平时有什么不一样。当然，所有的幼儿都不约而同地说："金金的头上（脸上、眼睛上）包着纱布……"虽然说的位置不太统一，但他们的注意力一下子集中起来了。

以往遇到这样的情况，梅老师可能会从两个方面来引导幼儿，一是从社会性发展的角度出发，引导幼儿要学习关心同伴，比如，对小朋友说："金金小朋友受伤了，你们要关心她、照顾她哦。"另一个是从身体保健的角度出发，引导幼儿学会自我保护，比如，对小朋友说："不要像金金小朋友这样不小心，走路时眼睛一定要看前面，注意安全……"有时候自己想想都觉得有些"老生常谈"了，又有几个孩子能够真正听进去并付诸行动呢？

其实，幼儿对于这样的情况总是充满好奇的，既然他们感到好奇，为何不让

他们把自己想要了解的问题提出来呢?于是,梅老师从以下两个方面来引导幼儿:

引导一:你们有什么问题要问金金小朋友的?

幼儿1:你的头上怎么了?为什么要包着纱布?

金金:摔跤了,摔破了,所以要包纱布。

幼儿2:怎么摔的?在哪里摔的?

金金:在家里摔的,我走路的时候绊了一下,这个地方(手指了一下伤处)磕在凳子角上了。

幼儿3:流血了吗?

金金:流了。

追问:流得多不多?你怕不怕?

金金:蛮多的,我的手上都是血,不怕。

幼儿4:疼吗?你有没有哭?

金金:疼的,缝针的时候很疼的,我哭了一下。

幼儿5:缝了几针?你在哪个医院缝的?

金金:两针,妈妈带我到浏河医院缝的。

幼儿6:是不是你走路太快了,才会摔跤的?

金金:是的。

幼儿7:现在包好纱布了,你还疼吗?

金金:不去碰是不疼的。

……

引导二:你们有什么话要对金金小朋友说?

幼儿1:希望你以后走路慢一点儿,眼睛看好前面的路(看来以前的"说教"也不是完全没用)。

幼儿2:这几天你要注意点儿,不要再碰到伤口了,否则不容易好。

幼儿3:这几天你不要吃红烧的菜,不要吃酱油,要不然会留疤的。

幼儿4:你如果觉得疼的话,要马上告诉老师哦。

……

在整个提问、回答、交流的过程中,梅老师基本上是处在倾听、观察、调节的位置,全部对话过程由幼儿自己主宰,他们在提问与回答中了解了事件的全部过程,在对话中传递着自己的心意,在眼神的对视中交流着情感。

在接下来的几天里,不用梅老师提醒,许多孩子都会利用空余时间自发地去关心金金:"你还疼吗?""你需要我帮什么忙吗?"或者提醒她:"你昨天有没有吃红烧的东西?要等到外面的皮(痂)掉了才能吃哦!"两三天后,金金脸上的纱布拆掉了,缝针的棱角清晰可见,这不免又让孩子们萌生了许多想法,有的想象当时缝针的情景,有的通过安慰金金来"抚慰"自己受惊的心灵,有的则坦然地说:"我也缝过针的……"

梅老师私底下问金金:"小朋友们对你提了那么多问题,你觉得烦吗?"她干脆地说:"一点儿都不烦。""那你有什么感受?""我觉得他们都很关心我。"看来,同伴的提问、提醒确实让金金真切地感受到了关心和爱。

幼儿良好的社会性发展对于幼儿身心健康和其他各方面的发展都具有重要影响,幼儿良好的社会性行为包括愿意主动与他人交往、理解别人的感受、关心身边的人等,这些良好的行为是在日常生活中潜移默化地形成的。教师应该随时发现并利用日常生活中的素材来引导和鼓励幼儿,让他们从身边的小事中得到启示,获得经验,习得行为。《3—6岁儿童学习与发展指南》指出:"看到别人有困难能主动关心并给予一定的帮助。"利用这次的"纱布"事件,在晨间谈话这一时间段,教师给予幼儿充分的时间和空间,让幼儿自主地提问、交流,让他们产生了自发地去了解同伴受伤情况的愿望,继而在了解情况的基础上主动关心同伴。同时,自主提问的形式也促进了幼儿良好学习方式的养成,为他们今后的学习奠定了一定的思维基础。如果每个教师都能在教育实践中不断地去发现这样的切入点,少一些说教,那么幼儿的成长会更自由、更顺畅。

(江苏省太仓市浏河镇幼教中心 梅燕芳)

7. 习惯养成始于晨

 **案例呈现**

伴随着清晨的阳光,孩子们欢快的身影出现在活动室里,幼儿园美好的一天又开始了。

镜头一:它们都有家

今天是出游的日子,面对外套、帽子、小水壶、大包小件的零食,孩子们有点乱了手脚,不知道怎么处置自己带来的东西,于是小桌子成了临时置物点,每张桌子上都堆满了东西。

对于这个问题,丹丹老师早有准备,她在班级里组织了一次别开生面的"谈话"活动。丹丹老师对孩子们说:"今天我们一起来说说,怎样摆放自己的东西,请大家出出主意,看这么多东西放在哪里最合适?"

讨论之后,孩子们很快为所有的物品都找到了合适的放置点,大家有条不紊地忙乎起来,把一样样物品送回"家",不久,小桌子上就恢复了整洁。

镜头二:小手都干净

每天早晨,丹丹老师都会站在活动室门口迎接孩子,除了问早,丹丹老师还喜欢闻闻孩子们的小手。

乐乐伸出小胖手说:"老师,今天是我自己洗的手,奶奶说我洗得比她洗得还干净。"丹丹老师闻了一下,称赞道:"乐乐的小手真香,天天都能自己洗。"

浩浩有点不好意思,把小手藏在后面,丹丹老师蹲下来对浩浩说:"浩浩的小手今天也香香的,老师都闻到了,赶紧给老师瞧一瞧。"浩浩伸出小手说:"老师,今天我没忘(洗手)。"

小美迫不及待地伸出手说:"老师,妈妈把我涂的指甲油都擦掉了,还擦了香香,你快闻闻香不香。"丹丹老师拉着小美的手说:"小朋友不涂指甲油最漂亮,今天小美的小手又香又漂亮。"

镜头三：我的抽屉我管理

活动室的门口有一排整齐的小抽屉，两个小值日生正在把小抽屉挨个儿打开，同时还不停地在纸上记录着什么。原来他们在检查小抽屉，最整洁的抽屉画三颗星，需要整理的抽屉画上一只小手。丹丹老师把获得三颗星的孩子的名字贴在小花上，插到了班级的"能干宝贝花园"里，小值日生们则去提醒和帮助那些抽屉上画了小手的小朋友整理自己的小抽屉。

这是班级里由孩子自己负责的"检查评比"活动之一，自从有了小值日生的抽查，孩子们不仅建立了管理自己的小抽屉的意识，每天来园还会习惯性地检查一下自己的小抽屉。每个小抽屉里都变得很整洁。

《3—6岁儿童学习与发展指南》对儿童生活习惯的培养和生活能力的发展提出了明确的目标："具有良好的生活与卫生习惯，具有基本的生活自理能力。"可见，良好的生活卫生习惯、基本的生活自理能力是幼儿获得全面发展的重要内容之一。

幼儿来园时，我们经常看到这样的现象：园门口，总有几双小手牢牢牵着大手，直到走进教室才肯放开；活动室里，总有一些孩子们带来的物品一时找不到主人，等着老师的失物招领；晨检时，总有几双小手被提醒，应该重新洗一洗……生活指导，往往是教师在来园环节中比较容易忽略的内容，如果教师能够关注到这些现象，把握入园环节的生活教育契机，并结合幼儿的年龄特点，给予适时、适当的指导，就可以帮助幼儿建立良好的生活、卫生习惯，促进他们获得全面发展，使他们终生受益。

正如案例中所描述的，教师不仅关注到了幼儿来园时的一些行为和问题，还利用谈话、交流、自我检查等方式进行了有针对性的指导。比如，在镜头一中，教师用"为物品找家"的形式，引导幼儿自己讨论，了解如何合理地放置不同的物品；在镜头二中，以"闻小手"的形式，对幼儿的卫生行为进行提示。三个孩子表现出三种不同的问题，一是成人帮助洗手，二是经常忘记洗手，三是在手上涂指甲油。教师关注到了这些问题，并通过"闻手"的方式，对幼儿的问题用不同的话语进行指导；在镜头三中，教师关注到小抽屉杂乱的问题，利用值日生检查评比、榜样激励等方式，促使幼儿自觉地对小抽屉进行清理，使幼儿逐步养成整理物品的习惯。

在来园环节中，教师也可以从以下三个方面入手来加强对幼儿的生活指导：

（1）*多关注，少包办*。教师要对幼儿的行为进行关注，以发现常见现象中存在的一些问题，然后进行有针对性的指导，并且不因幼儿做不好或做得慢而包办代替。

（2）*运用多种方法进行指导*。一是提供分区。每天，幼儿都会带一些物品来园，教师可以利用班级的一些空间及现有设备，为幼儿提供整理、摆放自己物品的专用区，如衣服挂放区；还可以利用墙边、空中、衣帽柜等空间，设置个人专用小抽屉、分类物品整理箱等，指导幼儿将不同的物品进行分类整理、摆放。二是暗示和提示。教师可以设置图文提示牌、标识图等，利用环境来暗示幼儿；还可以用积极的语言去提示、鼓励幼儿落实行为。三是开展自我管理活动。教师可以在班级里设置一些幼儿自我管理的项目，比如利用来园后5分钟的空闲时间，开展"和小抽屉做朋友"活动，培养幼儿归类、整理能力。四是家园合作。教师可以把幼儿的行为表现与阶段行为培养的内容告诉家长，取得家长的支持与协助，家园合作，协调一致。

（3）*持之以恒，循序渐进*。好习惯的养成，需要长期的行为积累，所以做好生活指导，不是一时之事，要持之以恒，让每一个幼儿都参与进来。在方式方法与具体要求上，也要依据幼儿的年龄特点与不同能力，循序渐进。

"习惯养成始于晨。"来园活动，既是幼儿一天集体生活的开始，也可以成为幼儿良好生活习惯培养、生活自理能力锻炼的开端。

（江苏省太仓市科教新城幼教中心　张丹）

8. 苗苗有多高——自然角里的探究故事

自然角是班级教育环境的重要组成部分，幼儿在观察、照顾自然角里的动植物的过程中，可以感知自然界生命生长的过程，激发探究动植物的兴趣，发展观察和探究问题的能力。每天来园后，孩子们都喜欢到自然角，给花儿浇浇水，看一看饲养的小动物。在这片与大自然接轨的小天地里，每天都有故事发生……

案例呈现

一天早上，走廊里有四个孩子正在围着自然角议论着什么，他们时而指指点点，时而相互交谈。突然，其中的一个孩子伟伟转身跑进了教室，在探索区的柜子前翻找着，不一会儿，他举着一把尺子高兴地向自然角跑去，冲其他三个孩子喊道："找到了，用这个就知道谁长得高了。"原来他是想测量哪一盆发芽的苗苗长得更高。

只见伟伟拿着尺子，先在玉米苗上比画了几下，又在绿豆苗上比画了几下，然后胸有成竹地说："绿豆苗高，玉米苗矮。"旁边的孩子见状都跃跃欲试："我来量量"、"我也要，你量好了给我哦"。

老师走过去说："伟伟的办法真好，量一量可以准确地知道小苗苗的高度，很容易就比出谁高谁矮了。伟伟，你给大家介绍一下，你是怎么量的？"伟伟开心地说："就是要把尺子竖直，放到根的上面一点（根部），把叶子拉直，看看数字是几，就知道有多高了。"

"嗯，那怎么才能知道明天长高了多少，后天又长高了多少呢？"老师接着问。"记下来，和明天的比一比。"伟伟说。

于是，老师给孩子们拿来了直尺、软皮尺、笔和记录本，孩子们认真细致地测量并记录着。有的孩子用画画的方式记录下所测量的植物的名称和高度；有的孩子会写字，就用图文结合的方式记录植物名称和数据。

此时，孩子们的观察更为专注、细致。"这棵豆苗高，那棵矮，这棵是8厘米，那棵是4厘米。""这个弯的不好量。""它太高了，就弯下来了呀。我来拉直，你来量。""我量的这个比你的那个短，但是比你的那个粗。""这个花是斜着长的，尺子要斜着放，竖起来是量不出来的。"……

第一章 伸出你的手——快乐的一天开始啦

在接下来的一段时间里，孩子们每天都用尺子测量自然角里的不同植物，并认真地做着记录，他们惊喜地发现不同植物的生长速度是不同的，茎叶的形态也是截然不同的。

这是晨间来园活动的一个片段，一个发生在自然角里的故事，它让我们感受到了孩子的聪慧。他们拥有明亮的眼睛，能够发现自然角里的诸多变化；他们拥有好奇的心，对于任何发现都能产生疑问，并寻求答案；他们具有探究的需要，凡事喜欢自己动手试一试。难能可贵的是，教师敏锐地抓住了晨间来园幼儿观察自然角这个教育细节，给予幼儿有效的支持和帮助，满足了他们的好奇心和探究欲望。正如《3—6岁儿童学习与发展指南》中描述的，"支持幼儿自发的观察活动"，"为幼儿提供一些有趣的探究工具"。当幼儿想测量时，为他们提供各种测量工具；当幼儿想记录时，给他们提供笔和纸，方便他们记录；当他们因缺乏经验而遇到困难时，帮助他们适当梳理。教师没有一路引领，而是适当退后，只出现在幼儿需要之时。

在伟伟测量完小苗的高度之后，教师请伟伟介绍"怎样测量"，就是在帮助幼儿梳理测量的经验，规范测量的方法，包括从什么地方开始、尺子怎么放以及认读尺上刻度等。这些细节，使幼儿的测量和探究更为规范和深入，有助于良好的科学探究品质的形成。在幼儿初步了解和掌握测量方法后，追随幼儿的兴趣，教师又抛出了"怎么才能知道明天长高了多少，后天又长高了多少"的问题，并提供了更多的测量工具和材料，引导幼儿观察、测量，用自己的方法记录测量数据，学习用比较的方法来了解不同植物的生长情况。这个过程既激发了幼儿持续观察、探究的兴趣，又丰富了幼儿有关植物生长的知识经验，发展了幼儿的探究能力。

其实，结合日常的教学活动，教师还可以在自然角中提供其他工具，这些工具能够帮助幼儿更为细致地观察、探究动植物。比如可以提供量杯，这样幼儿在用量杯为植物浇水时，能够清楚地观察到水量，并在记录和对比中发现不同植物对水的需求是不同的；可以提供小铲子，让幼儿为植物除草、松土，了解植物的生长习性；可以提供放大镜，供幼儿观察植物和动物的各种细节，比如植物的叶脉、小乌龟身上的纹路、昆虫身上的花纹等；还可以提供小棍，用来扶持弯曲的、下垂的植物的茎叶。

只要教师用心，及时发现幼儿的需要，积极保护幼儿的探究兴趣和学习热情，并给予必要的支持和帮助，那么幼儿的学习和探究活动就无处不在，小小的自然角也必能演绎出更多精彩的故事。

（江苏省太仓市艺术幼教中心　丁瑜）

迎着风儿奔跑
——运动"嗨"时刻

你假如要培养儿童的智力，你应当培养那智力所要控制的体力。为了使儿童良好而敏慧，你要给他的身体以不断的锻炼，使他的身体强壮而健康，你要让他工作，让他做事，让他奔跑喊叫，让他成为有体力的人，他不久就会成为有理性的人了。

——法国伟大的思想家、教育家　卢梭

9. 足球运动"嗨"起来

"生命在于运动。"为了让孩子们每天的晨间体育锻炼充实而有效,老师们煞费苦心,不断地对内容和器材进行调整和改进。

近期,某幼儿园开辟了足球运动场地并添置了一套足球运动设施。本以为孩子们会非常感兴趣,能在这项运动中充分地奔跑起来、"嗨"起来。但出人意料的是,这块场地备受孩子冷落。孩子来了之后都只是射几次门,便离开了。

又是一个天气晴朗、空气清新的早晨,随着音乐响起,孩子们在老师的带领下来到操场,开始运动。

四个男孩子来到足球区,两人一组分别站到了两个球门前,一个守门,一个射门,玩了起来。这是孩子们最常用的玩法,只是两个球门之间没有任何联系和交集。七八分钟后,四个男孩准备离开。

这时,老师拿出准备好的黄绿两色马甲,对他们说:"球员们,看,我们有新球衣了。"听到老师的话,孩子们围到了老师身边。"你们看过球赛吗?"两个男孩兴奋地答道:"看过,爸爸看的时候我看的。""你们知道这球衣有什么用吗?"老师问。"一个队穿黄色,一个队穿绿色,就不会搞混了。""不会搞混是什么意思呢?""穿同样颜色球衣的是一伙的,在抢球时,就不会抢错球了。""对呀,踢球的时候,穿同样颜色衣服的人是一个队的,一个队的人要相互合作,从另一队的球员那儿抢球,然后再射门。你们想加入哪个队?""我加入黄队。""我也是,我也是。"三个孩子不约而同地要求穿黄色衣服,想穿绿色衣服的孩子嘟囔道:"我就一个人,怎么玩呢?""你去找几个小朋友吧。"老师提议。此时边上已站了好几个孩子,他们是被靓丽的球衣吸引过来的。"你们谁来我们绿队?"已经穿好绿色马夹的男孩问道。"我来,我来。"不一会儿两个球队组建完毕,三对三,

第二章 迎着风儿奔跑——运动"嗨"时刻

比赛开始。

就这样两个球队各有一人守门，其余四人两两对抗，开始了夺球大赛。整整15分钟，没有一名队员想要停止。他们的活动还吸引了不少其他区的孩子。

第二天晨间体育锻炼时，足球区门庭若市，足球队也不断壮大。尽管人员多了，但两队"对抗"井然有序。无须教师的言语指导，团队意识让他们懂得了团结合作。

原本门庭冷落的足球区，因为几件黄、绿色小马夹的出现，变得热闹起来了。细想其中缘由，是小马夹让幼儿真正走进了足球运动。足球运动风靡全球，没有男女之别，没有国籍之分，这项运动展现了团队的力量和人与人之间的合作，体现了为了实现目标不断拼搏的体育精神。足球运动绝对不是简单的两个球门和一个球的运动。一开始教师在提供器材的时候，缺乏对足球运动项目本身的认识，忽略了运动中幼儿之间的互动，而单一重复的射门、守门动作，没有挑战性，让参与的幼儿逐渐失去兴致。

黄、绿两色球衣的提供帮助幼儿明确了自己的身份——首先，我是一个球员。其次，我不是一个人踢球，我有一个团队；明确了自己的"使命"——我要将球踢进对方的球门；明确了自己的对手——是一群随时会从我手中抢球的同伴，而不是固定不动的球门。在运动中，在与同伴的互动"对抗"中，他们感到了刺激和满足，兴趣油然而生，这也正是足球运动的魅力所在。

这就提醒教师，当发现幼儿对某些体育器材没有兴趣的时候，就应该好好想一想，器材的真正价值有没有被体现？如何适当地做一点儿调整？小小的改变，换来的可能是大大的精彩。

比如关于小推车的使用，教师经常会把它放置在颠簸的路面，或是弯曲有坡度的路面，久了，孩子们就没有兴趣了，因为缺乏挑战性。针对这种情况，教师可以添置一些沙袋，每袋重一斤（也可是其他重量），让幼儿玩"送货"的游戏。从运一袋开始，能力强的幼儿可以不断累加到两袋、三袋、四袋；能力弱的幼儿可以推空车或只运一袋。这样，幼儿有挑战的目标和自我评价的标准，能够满足自我实现的需要。又比如学跳绳，幼儿要经历无数次的失败，才能掌握跳绳的技巧,这个过程往往很枯燥。教师可以设计一份记录表,请幼儿记录每次跳了几个,以进步的喜悦来激励他们继续尝试。再比如当幼儿对投篮失去兴趣的时候,教师可以多画几条线,让幼儿发现自己可以站得更远来投掷。

其实,让幼儿在运动中"嗨"起来并不难,关键是要让他们在运动中找到挑战自己的目标,并能够在不同程度上得到满足,从而以更大的热情积极主动地投入到体育活动中。

(江苏省太仓市艺术幼教中心　丁瑜)

10. 快乐运动不需要等待

幼儿想要参与运动的心情总是急切的,但是一些不必要的等待时间有时会让幼儿扫兴、失去耐心。所以,不要让幼儿在等待中把激情和愉悦消磨掉,有时只要变换一种形式,就可以让他们玩得痛快,保持心情舒畅。

晨间体育锻炼是让幼儿感到快乐、陶醉的一段时光,幼儿可以玩自选器材、大型玩具、集体游戏等。其中,集体游戏能够培养幼儿的团队意识,有一定的竞争性,是不可忽视的一个锻炼领域。但是集体游戏中存在着一些不合理的状况,特别是在组织形式、环节的衔接等方面还有待进一步的优化。下面以中班集体游戏"袋鼠跳接力赛"为例,呈现甲乙两班不同的组织形式以及截然不同的效果。

案例呈现

甲班:全班36人,排成四列纵队。游戏开始后,排头的幼儿从起点出发,跳过障碍物到达对面的终点后再按原路返回,之后第二名幼儿再出发。在游戏的过程中,排在前三四名的幼儿还是比较专注的,但是排在队伍比较靠后的幼儿因为等待的时间较长而躁动不安。他们中有的和同伴吵吵闹闹,有的坐在地上自顾自地玩起来,有的看着其他班幼儿的游戏……教师显得手忙脚乱,既要指导在比赛中的幼儿,又要安抚在后面吵闹的幼儿。一轮游戏玩下来,每个幼儿只跳了一次，其余的时间都在等待。我们不妨来推算一下，一个幼儿往返行进一次需要大概15秒的时间，一列9人，每个幼儿大概都要等至少2分钟的时间，再加上有的幼儿动作较慢，可能等待的时间会更长，这就难怪有些幼儿会处于游离的状态。

乙班：幼儿人数与甲班相同，也是36人，也分为四列。教师把一列纵队的9人分成4人和5人，一部分在起点处，另一部分在对面的终点处。游戏开始后，起点处的幼儿出发跳过障碍物后到达终点处，终点处的排头幼儿再出发。这样，同组的伙伴比赛时，其他幼儿都帮着加油、鼓劲，并时刻准备着自己"上场"，大家的注意力都很集中，完成比赛后幼儿们都大声地欢呼。我们也来推算一下时间，一个幼儿从起点到终点大概需要7～8秒的时间，9名幼儿全部完成比赛总计1分钟10秒左右。接着，幼儿进行第二轮比赛，教师则增加了障碍物的宽度，让幼儿再去尝试挑战。

《幼儿园教育指导纲要（试行）》明确指出："尽量减少不必要的集体行动和过渡环节，减少和消除消极等待现象。"事实上，在幼儿一日生活与学习的各个环节中，消极等待现象时有发生，一些无谓的等待不仅会浪费幼儿的时间，造成师幼间不必要的冲突，更会让一部分幼儿以退缩的态度乖乖等待，而另一部分幼儿则以叛逆的举动挑战老师的"权威"。长此以往，幼儿的"不听话"和教师的"挫败感"会极大地阻碍师幼间良好关系的构建。所以，教师在组织幼儿的一日活动时，应该合理地安排活动，尽量减少不必要的消极等待，让幼儿获得更多主动活动的机会。

以跳跃为主题的接力赛很常见，从上述案例甲乙两班幼儿在游戏活动中的不同状态不难看出，集体游戏的组织形式是相当重要的。如何在相同的时间里把集体游戏变得既有趣又有效，是值得教师深思和探讨的问题。从乙班教师组织集体游戏的过程中，我们可以挖掘出很多亮点，尤其是减少幼儿在游戏中的等待时间方面，可以给一线教师很多启示。

（1）*减少等待时间，发挥游戏实效。*乙班教师对组织形式进行了微调，把原先的一列9人进行了合理的分解，使队伍变短，也使比赛的行程变短，这样不但有效地减少了幼儿的等待时间，也让幼儿感觉不会太累，还能进行第二轮的竞赛，切切实实地将集体游戏的实效性发挥出来。

（2）**忽略等待时间，创设竞赛氛围**。乙班幼儿通过活动队伍的变化确实大大减少了等待时间，但不可否认的是等待时间依然存在。不过，在队伍变短以后，当同组的一名幼儿在场上活动时，其余的组员都能够看到他的行进状况，而比赛完的幼儿在给同伴加油的同时可以得到及时的休整，所以完全可以忽略这些等待时间。因此，教师应该注重比赛氛围的烘托，让幼儿时刻关注同伴、本组的比赛实况，形成竞争意识，体验集体荣誉感。

（3）**合理安排时间，提升游戏趣味**。乙班教师有效地压缩了一轮比赛的时间，这样就留给幼儿更多的拓展空间，比如可以增加游戏的难度，提升运动的效度，在一定程度上使游戏不会因为单一重复而让幼儿失去兴趣，形成一种挑战的游戏氛围，有利于激发幼儿的自信心，帮助幼儿感受成功的喜悦。

"尊重幼儿，让幼儿成为活动的主人"不能只是一句口号，必须要落实到行动中，对"消极等待"说"不"就是一种很好的体现。其实，不仅是在晨间锻炼时间，学习活动（特别是操作活动）、起床、吃点心、离园等环节中也容易出现消极等待的现象。教师除了可以转变活动形式（如上述案例），还应该做好充分的活动准备，提供有层次的操作材料，制定灵活多变的活动策略，提高自身的组织能力，有效地发挥幼幼互动的作用，尽量减少幼儿的消极等待时间，使幼儿的一日生活更加合理、自主、有序。

（江苏省太仓市浏河镇幼教中心　梅燕芳）

11. 运动计划我做主

晨间锻炼是孩子们喜欢的运动时光，但教师也不能忽视这样的细节：有的晚来的孩子没有选到自己喜欢的器械，羡慕地看着别人；有的孩子玩得满头是汗却不愿休息；有的孩子每天玩同样的运动项目，缺乏挑战和变化。那么，应该怎样发挥运动时段的作用，促使孩子锻炼身体和发展体能呢？

第二章 迎着风儿奔跑——运动"嗨"时刻

  中一班的芳芳老师发现，最近一段时间，豆豆总是来得特别早。运动时间一到，豆豆就骑着黄色的自行车玩起来。他开心地在跑道上骑着车，熟练地越过障碍，让同伴看他骑得有多好。

  这天，心语跑过来拉着芳芳老师的手，皱着眉头说："芳芳老师，豆豆一直骑自行车，都不让我玩一会儿。"芳芳老师安慰她："你先去玩其他的，等下再和豆豆商量，看他愿不愿意把车让给你，好吗？"心语勉强地点点头，走到玩具箱前挑选起来。

  芳芳老师拦住骑得正欢的豆豆，摸摸他的额头和后背，问道："豆豆，你已经出汗了，能把车给心语骑一会儿吗？你可以玩玩其他的材料哦。"谁知豆豆说："我最喜欢骑车了，其他的我不想玩。"芳芳老师又说："瞧，我们有很多新材料，你看，涵涵在爬小竹梯，也很有意思的，你愿不愿意去试试呢？"豆豆仍一口回绝："我试过了，我不会，不好玩！我家里也有自行车，我喜欢骑车。"芳芳老师继续劝说："可是，你出了这么多汗，身体也需要休息呀。你可以试试其他材料，让身体稍微休息一下。"豆豆摇摇头说："我不累！"没办法，芳芳老师只好让豆豆继续骑车。

  当天，芳芳老师把自己遇到的问题和几个平行班的同事说了。有经验的萍萍老师支了一招："芳芳，我也遇到过这样的情况，后来想了个办法，挺有效的。"

  "什么办法？"芳芳老师问。

  萍萍老师从抽屉里拿出一叠卡片，芳芳老师接过一看："运动计划卡？"

  萍萍老师解释道："是的，我们现在每天早上玩什么都是孩子自己制订计划。"

  芳芳老师又问："那，像豆豆这样每天都要玩自行车，怎么办呢？"

  萍萍老师解释说："你瞧，这张卡片上一共有三格，也就是说，每个幼儿每天可以选择三种材料。这样，孩子就不会盯着同一种材料玩很久了。"

  第二天，芳芳老师特地留心观察了萍萍老师所在班孩子游戏的情况。她发现，孩子们在玩了一段时间后，就会选择其他的材料继续游戏，有序且自主。芳芳老师决定试试这个好办法，避免幼儿只玩一种玩具或材料。

上述案例中的问题，老师们在组织晨间锻炼的时候大都遇到过。为了吸引幼儿参与的兴趣，让幼儿能够自主选择，发展幼儿不同的运动能力，幼儿园为幼儿提供了较多种类的运动器材。但是幼儿在选择的过程中，总是出现一些问题。比如，玩大型玩具时，很多幼儿会长时间地剧烈运动，拒绝休息；有的幼儿则选择一些运动量偏小的器材。比如在投掷区，有的幼儿会拿着沙包，一直对着小纸篓投掷，导致运动量不够。为了让幼儿能在运动时间里得到充分的锻炼，教师进行了很多干预和调整，比如：提醒幼儿定时休息；每天提供不同的材料，让幼儿能有不同的选择，等等，这些策略都有一定的效果。

案例中萍萍老师的"运动计划卡"无疑是帮助幼儿享受运动时光的一个良策。很多时候，对于幼儿每天能玩哪些运动器械，教师是按照班级顺序和幼儿发展水平和需要来确定的，通常是固定器材轮流交替使用。在教师的安排下，幼儿选择空间较小，久而久之，他们便失去了自己决定玩什么以及怎么玩的意识。

激发幼儿对体育活动的兴趣，是《幼儿园教育指导纲要（试行）》中强调的幼儿园体育的重要目标。让幼儿自己制订运动计划，既可以调动幼儿的主动性，又可以充分利用现有的资源和各种因素，唤起幼儿参与运动的兴趣。制订运动计划，不仅给了幼儿自己选择和决定的机会，也是控制运动量的很好方法。案例中，萍萍老师为幼儿设计了每天三种运动材料的选择内容，在幼儿选择的过程中，教师把可以支配的材料呈现出来，适当进行分类，鼓励幼儿在不同的类别中选择，如投掷类、钻爬类、跑跳类等。经过自主选择，幼儿各方面的运动能力都能得到锻炼。

让幼儿自己制订"运动计划"，教师可以更好地了解幼儿的兴趣喜好；也能让幼儿更积极地投入到锻炼中，玩得更尽兴、更自主。在帮助幼儿明确运动的项目、流程（可以用序号标注玩的顺序）的基础上，还能确保运动时间不浪费、项目不冲突。玩过一段时间后，教师还可以组织幼儿进一步讨论，比如：每天玩几个项目比较合适？先玩哪个项目？接着玩什么？哪些项目可以调整？是否可以增加难度？

此外,还有一种运动计划是针对常规运动项目的创意设计,比如:要玩跳跃,需要什么材料?可以怎么玩?要跑,可以玩些什么?让幼儿能明确运动需要的材料、玩法等。这样的运动计划还能帮助幼儿循序渐进地发展运动能力,如投掷计划、拍球计划、跳绳计划等。这样一来,幼儿运动的时候会更投入,对自己的变化发展也更敏感。

制订每日活动计划,是教师每天的必修课。有了计划,活动才能有秩序、有方向、有效率地开展;而让幼儿参与制订的计划,更有效、更适宜。

(江苏省太仓市艺术幼教中心 吴颖颖)

12. "折翼天使"的运动计划

晨间锻炼时间,孩子们在操场上尽情地奔跑、玩耍,体验着运动带来的快乐。但是有这样一群孩子,他们像折翼的天使,行动受限,有渴望飞翔的心,却无飞翔的能力。

镜头一:一碰就倒的皓皓

皓皓在妈妈肚子里的时候,由于脐带绕颈两圈造成了出生后轻度脑瘫,智力正常,但留下一些后遗症,主要表现为严重的内八字,导致他站不稳、走不快。每当别人从他身边擦肩而过,或者不小心碰到他时,他就会因为重心不稳而摔倒。好几次晨间锻炼时,皓皓都因为别人的不小心而受伤。游戏时,由于走不快,一些比试速度的游戏,他也总是被排斥在外,皓皓感到越来越孤独。

镜头二:爱发脾气的乐乐

乐乐患有先天性的进行性肌肉萎缩症,表现为四肢僵硬、无力,肌肉力量滞后于身体的生长发育水平,走路时动作非常不协调,爬楼梯、跳跃这些在正常人看来最简单不过的动作,对他来说却非常困难和吃力。当心智已及而动作不及时,乐乐变得焦躁无比，并因此出现攻击性行为。

对于这样特殊的孩子，教师该怎么做呢？一些教师可能会选择保护他们，让他们安静地坐在一旁，看着其他同伴游戏，这样的行为看似是一种保护，但实际上无情地剥夺了孩子运动和发展的权利。有研究表明，智力发展与身体运动能力相关。比如：运动与形成空间概念密切相关，而空间概念是儿童理解几何的基础。在国外，很多特殊的孩子都能和正常孩子一同上学，教育者秉持的是"融和教育"的理念，当这些特殊的孩子被当成正常的孩子来对待时，他们的心理能接收到"平等"的信号，并能发挥自身最大的潜能。相反，如果这些特殊的孩子一直接收到"不平等"的信号，他们就会不停地受到暗示，从而认为自己与众不同或比别人差，由此，幼小的心灵就会受到伤害，进而引发片面或极端的想法。所以，教师应尽可能地鼓励并帮助他们融入到集体中，让他们享受到平等的待遇。

关于皓皓和乐乐的晨间锻炼问题，该班的张老师进行了一番深入思考：他们两个享受的"平等"应该是一种相对的平等，对于这样特殊的孩子，一定要有特殊的身体锻炼策略。于是，从整队开始，张老师就将乐乐和皓皓安排在队伍的最前面，一手拉住皓皓，一手牵着乐乐，这样一来，皓皓就能稳稳地站着，不会从楼梯上摔下去；而乐乐的身体锻炼，从走楼梯就开始了，当他拉着老师的手时会感到一股力量和一种安全感。自由选择运动器材时，张老师会给他们提一些小小的建议。比如针对皓皓的内八字，张老师会建议他玩走毯子的游戏，让他尝试根据上面的脚印（外八字）来走路，这样做，对他的内八字有一定的矫正作用。而乐乐呢，锻炼肌肉是关键，因此，张老师会让乐乐尝试玩攀岩这类能锻炼上下肢力量的运动，当然，张老师会在乐乐身后守护他。在个别锻炼的同时，也没忘了他们是集体的一分子。张老师有时也让其他孩子轮流做他们的守护者，带着他们一起游戏。当然，张老师和其他孩子有一个小秘密，那就是假装跑慢点儿，假装跳近点儿，假装爬低点儿，这样皓皓和乐乐就能赢一次，而那一刻的愉悦感是支持他们继续参与运动、不断挑战自己、创造奇迹的动力。

在面对这样特殊的孩子时，教师应始终坚持信念，不轻言放弃，用左手智慧右手搀扶着他们走稳每一步,让他们享受运动的快乐,挑战体能的极限。

(江苏省太仓市实验幼教中心 肖芳)

13. 巧收拾方便你我他

户外体育活动是幼儿园一日活动的重要组成部分。每个晴朗的早晨,教师都会在幼儿园的操场上放置好各种体育活动器械和材料,供幼儿自主选择活动。但是,由于活动器械、材料种类杂、数量多,幼儿又缺乏整理的习惯,晨间活动中往往会出现皮球到处滚、绳子乱打结、缺了这丢了那的尴尬局面。如何收拾好这些器械、材料,小细节中体现了教育的大学问。

伴随着欢快的音乐,早晨的操场上热闹非凡。孩子们尽情地享受着运动的快乐,有追着皮球奔跑的,有三三两两比赛跳绳的,有小心翼翼"过小河"的,也有趴在大纸圈里学做压路机的……孩子们一个个玩得不亦乐乎,金色的阳光在他们的发梢跳动,和煦的春风轻拂过一张张灿烂的笑脸。

塑胶操场的边缘,堆放着各种器械、材料,不时有几个孩子上前翻找,拿着玩具开心地玩起来。

乐乐看到几个小伙伴踩着高跷玩得兴高采烈,便把手中的塑料圈放回了材料堆里,也想找副高跷玩。可高跷的带子缠绕在一起,任他怎么努力也拉扯不出来,急得他直叫旁边的妞妞帮忙。两个人折腾了好一会儿,还是毫无办法。妞妞只好跑过去叫老师:"老师,那个高跷拿不出来了,怎么办呢?"老师走近一看,原本装在篮筐中的高跷已经和其他的玩具缠在了一起,高跷带子也打了好几个结。"怎么会这样呢?"老师明知故问。"就是他们换玩具的时候没放好啊,弄得乱七八糟。"妞妞气愤地说。"就是啊,大家只想着拿自己想要的玩具,用过的随便一扔,当然就乱套啦。那玩具应该怎么放呢?"老师提出问题。"哪里拿的放哪里。"乐乐大声回答。"好，那现在我们先一起来把这里整理一下，等一会儿活动结束的时候，你们来提醒小朋友应该怎么整理，好吗？""好。"乐乐和妞妞声音响亮地回答道。

过了一会儿，活动结束的信号响起，孩子们一窝蜂地涌了过来。乐乐和妞妞挡在放置器械、材料的手推车和篮筐前，大叫着："哪里拿的还放哪里！哪里拿的还放哪里！"可玩具多，篮筐少，而且篮筐放置得过于集中，孩子们都挤在一起，有些人只是随便一扔了事。

看到这个闹哄哄、乱糟糟的场面，老师在活动后的评价环节特意提出了"怎样收拾玩具"的话题，大家一致认同"哪里拿的还放哪里"的规则，可为什么真正做起来却又大相径庭了呢？

晨间锻炼活动中，幼儿取放器材时经常出现混乱。既然幼儿对于"哪里拿的还放哪里"的规则一致认同，为什么还会出现这样的问题呢？有没有更好的方法避免这种乱糟糟的现象呢？

首先，整理的方法有待改进。十几种玩具，篮筐却只有几个，虽然有些玩具可以直接放入手推车内，但整理的时候势必要混放，幼儿拿取时还是不方便。针对这种情况，教师可以多提供一些篮筐，把每一样玩具都分开放置，并且在篮筐上贴上各种玩具的标志，以便于幼儿取放。像高跷、绳子之类容易缠绕的材料是整理的一大难点，但只要花点心思，合理利用一些收纳材料，难题就会迎刃而解。如果绳子比较长，可以让它们"睡"到手推车上，即拎住绳子中间的皮圈部分，使它们正好横放在手推车上（绳子两端自然下垂），这样幼儿拿起来方便，收拾的时候也只要在皮圈处围扎一下就可放入手推车了。至于高跷，可以借鉴家居整理盒的方法。在浅层的篮筐或者盒子中放置几块可插接的隔板，根据高跷的大小分隔出不同的格子。每个格子里"住"一对高跷，把高跷带子绕几绕再放进去，这样可以避免高跷的绳子相互缠绕，既整齐又方便。

其次，有了好方法，关键还在于实践。活动前，教师可以把手推车中的器械、材料一一摆开，使各种物品一目了然，同时也避免了取放时的拥挤。活动刚开始时，可以请几个能力强的幼儿担任整理员，和老师一起提醒大家有序拿取。当然，习惯的养成贵在坚持。教师一方面可以引导幼儿和以前取放玩具的无序作对比，感受有序取放给大家带来的便捷，增强幼儿拿取、整理物品时的责任心；另一方面，对于细心收拾的幼儿应及时给予表扬或奖励，营造乐收拾、会整理的良好氛围，不断强化幼儿的良好行为。

当然，良好的整理习惯的培养还需贯穿于幼儿的一日学习与生活之中。每天早上来园时衣物的整理、区角游戏时材料的整理、午睡起床后自己床铺的整理……每一项都需要教师巧设计、勤关注，给幼儿更多锻炼的机会。同时，身教重于严教。教师、家长都应以身作则，统一要求。正所谓：行为养成习惯，习惯形成性格，性格决定命运。就让我们从小小的整理开始，帮助幼儿养成终生受益的好习惯吧！

（江苏省太仓市城厢镇幼教中心　谢玉兰）

14. 跳跳袋的新生命

一说到玩具，我们就想到了德国著名幼儿教育家福禄贝尔（Friedrich Fröbel，1782—1852）的"恩物"。对孩子们来说，适宜的玩具、好玩的玩具、丰富的玩具就是他们的"恩物"；对教师来说，开发好玩具、利用好玩具、发挥玩具最大的功能就是他们教育的使命。在户外体育活动中，体育玩具作为促进孩子健体健身最重要的操作材料，能够使孩子主动积极地参与体育锻炼活动，有效地发展孩子各方面的能力。但是，我们发现在日常户外活动中，长期使用单一的体育玩具、固定不变的玩法，让孩子们失去了参与体育运动的兴趣，体现不出体育锻炼的价值和作用。其实，只要稍做一些改变，同样一件体育玩具就会焕发出新的生命力。

户外体育活动开始了，孩子们在玩具筐中挑挑选选，寻找自己喜欢的玩具。不一会儿，皮球、呼啦圈、飞盘、拉力器……都找到了自己的"主人"，只有几

个跳跳袋被扔在一边无人理睬。其实，一个月前，当漂亮的跳跳袋刚出现在玩具筐里时，是备受孩子们的欢迎的。谁知才过了一个月，孩子们就已经对这几只跳跳袋失去了兴趣。看到小虎来玩具筐中翻找玩具，袁老师连忙递上一只跳跳袋说："小虎，和跳跳袋一起玩吧！"小虎嘟囔了一声："只能跳，不好玩。"说完，他转身和朋友玩皮球去了。袁老师仔细想了想，有点明白孩子们为什么不喜欢玩跳跳袋了。

从跳跳袋来到班级里，老师和孩子们玩的第一个游戏就是袋鼠跳，孩子们钻在跳跳袋里蹦上蹦下，非常高兴。但是，由于跳跳袋小，钻在里面只能玩跳跃游戏，久而久之，孩子们就对跳跳袋失去了兴致。看来，要想让孩子们继续对跳跳袋感兴趣，必须要找到新的玩法。于是，袁老师拿着跳跳袋向小虎走去。

"小虎，你玩过'小老鼠运蛋'的游戏吗？"袁老师故作神秘地问。

"没有啊，老师，怎么玩啊？"小虎一下子来了兴致。

"瞧，把跳跳袋铺在地上，小虎抱着皮球躺在上面，另一个小朋友做运蛋的小老鼠，拖着走！多好玩啊！"袁老师一边讲解玩法，一边请小虎和其他小朋友玩。

听到有好玩的游戏，孩子们都围了过来，不一会儿，几个跳跳袋就被孩子们领走了。

户外活动结束回到教室，袁老师问孩子们："用跳跳袋只能玩跳的游戏吗？跳跳袋还有其他玩法吗？你们想听听小虎今天怎么玩跳跳袋的吗？"听了小虎的介绍，很多孩子也动起了脑筋。有的说："还可以用跳跳袋玩捉迷藏游戏。"（把跳跳袋顶在头上，遮住眼睛，进行触摸游戏。）有的说："可以玩过小桥游戏。"（把跳跳袋折成窄窄的小桥，进行平衡游戏。）有的说："可以用跳跳袋玩抛接球游戏。"（将球放在跳跳袋上，两人分别抓住跳跳袋的两个角，向上抛接球。）"还有运西瓜、爬山坡"……孩子们想到了很多有趣的玩法，看来，明天跳跳袋又会成为孩子们眼中抢手的玩具了。

跳跳袋是幼儿园常见的体育玩具，其最大的功能是锻炼幼儿双脚并拢跳跃的能力，但是，长时间单一的玩法使幼儿失去了反复游戏的兴趣。在上述案例中，教师及时发现了这个问题，抓住时机进行了有效的引导。经过与幼儿共同讨论，教师帮助幼儿挖掘出了跳跳袋的多种玩法，激发了幼儿持续游戏的兴趣，也使单一的跳跳袋玩具呈现出更多的功能。这个案例在如何深入挖掘体育玩具的游戏功能、激发幼儿的活动兴趣、促进幼儿的身体健康发展方面，给了我们一些有益的启示。

（1）*多尝试一物多玩*。幼儿在探索一物多玩的过程中，必定会结合已有的游戏经验，积极地想象、尝试，创造力和想象力都会得到发展，尤其是在教师或同伴的肯定和鼓励下，能够感受到创造的快乐和挑战成功的满足。一物多玩不仅使幼儿玩出了花样，玩出了快乐，更玩出了智慧，促进了幼儿身体多种动作技能的发展；同时，也节省了教师制作教玩具的精力，节约了幼儿园的经费成本。

（2）*提供低结构的玩具*。一些简单而又质朴的低结构玩具，更加适合一物多玩。因为低结构的玩具更具有开放性和创造的空间，能够更好地促进幼儿的发展。比如，利用长绳，可以开展走平衡、跳小河、举重、舞长龙等游戏；利用沙包，可以开展平衡、投掷、跑、跳等游戏。此外，还有竹圈、竹竿、草垫等，只要试着变一变，它们就会焕发出新生命，而各种有趣新奇的玩法，会给幼儿带来更多的快乐。

（3）*多考虑个体的发展需求*。在开展一物多玩的活动中，教师更应关注不同幼儿的发展需求和能力差异，灵活有效地指导幼儿开展一物多玩活动。比如上述案例中，在平衡能力较弱的幼儿手中，跳跳袋可以变成平衡桥，开展平衡游戏，提升幼儿的平衡技能；合作能力较弱的幼儿可以运用跳跳袋开展搬运、投掷等游戏，学会与同伴合作完成任务。根据幼儿个体的不同发展需求，一物多玩，能够更有效地使幼儿在与玩具材料的互动中提升能力。

（江苏省太仓市新区幼教中心　袁迎春）

15. 换个位置放器械

幼儿进行户外身体锻炼，器械必不可少。当幼儿与各种器械互动时，他们的运动能力也得到了发展。在户外体育锻炼中，教师比较关注器械的多样性，为幼儿制作、准备了各种运动器械，但对器械如何摆放甚少考虑。

案例呈现

阳光明媚，春风和煦，四月里的天气最适合户外活动了。在轻快的音乐声中，孩子们雀跃不已，欢乐的自选运动就要开始了。

看到孩子们跃跃欲试的身影，张老师做了一个暂停的手势，她走到放置体育器械的地方，把器械筐都挪了一下位置，孩子们都有些诧异地看着老师。

小怡问："张老师，你为什么要把筐子换地方呀？"

张老师微笑着说："这是个小秘密。"

"啊呀，这样就可以放更多了嘛。"小曾插了一句。

"我知道，我知道，筐子分开放，这样我们就不用挤在一起拿玩具了，是不是啊张老师？"田田也接着来了一句。

以往的身体锻炼活动中，经常出现这样的场景：自选活动刚开始，孩子们就一拥而上，围住器械筐抢着拿取玩具。跑得快的幼儿挤在前面，还没顾得上转身，就被后边的堵住了，费劲力气才能"突围"成功；跑得慢的幼儿使劲朝前面挤，生怕"抢"不到玩具；力气小的幼儿，总是等别人拿完了才能拿，结果心仪的器械早就不见了踪影。这时候，老师也紧张，一边提醒幼儿不要着急，一边还要负责维持秩序。待到放玩具的时候，又是一片拥挤。

看到这样的情况后，张老师决定采取一些措施。于是，在今天的身体锻炼活动中，张老师做了小小的变动，把每个器械筐的位置都挪开了一段距离。果然，由于摆放距离增大，孩子们在选择的时候，就不用围挤在一处了。他们各自奔向目标，很快拿到了自己想要的体育玩具。

在随后的几天中，张老师又给班级里的体育器械制作了"身份牌"——上面有号码、图片、器械名称、类别四项信息，并对操场上的器械放置区进行了规划，贴放了和器械筐对应的号码。这下，不用老师动手，孩子们自己也能根据对应信息摆放器械了。

由于器械摆放、设置上的问题，导致幼儿在选择器械时出现拥堵，不仅秩序混乱，还伴随有跌倒、挤压、碰撞等安全隐患。虽然教师在旁维护秩序，但往往事倍功半，并不能很好地解决实际问题。在本案例中，张老师关注到了器械摆放位置过于集中的问题，及时进行了调整，增大了器械筐之间的距离，使幼儿在选择器械时有足够的空间，避免了拥挤。虽然只是一个小小的变动，但是带来的效果十分明显。在后续的指导中，张老师更注意了大班幼儿在体育锻炼活动中的自我管理能力培养，不仅对器械放置场地进行了规划，还通过号码、图片等信息的设置，引导幼儿自己学习摆放器械，使体育活动的开展更为有序。

案例中所呈现的只是对小型器械的摆放设置，在日常户外体育活动中，运动器械种类十分丰富，既有小型的也有大型的，既有流动的也有固定的，关于各种器械如何合理地摆放，是值得我们关注的内容。

比如，可以将各类器械分类放置。比较大型的器械，如羊角球、踏板车、独轮车等，可以投放在固定区域，并给出一定的活动范围，这样既不会对其他项目产生干扰，也能保证大型器械的投放量，保证幼儿能经常玩到这类器械。对于比较小型的器械，教师可以结合场地的特点，在场地一侧或某一区域集中放置，放置时各器械间预留一定的空间，方便幼儿取放。同时，还可以将器械按运动种类的不同进行划分，将同一运动类型的器械放置在同一区域。

再比如，可以将各类器械统一管理，对固定区域的大型器械，可以采用轮流使用的方式；对同一场地内的小型器械可以实行器械共享，这样既方便管理，又可以给幼儿提供更多自选器械的空间。

此外，在投放新器械的时候，教师可以将新器械分散放置，或者采用逐步投放的方式，减少幼儿因对新材料感兴趣而引发的争抢。

小细节可以发挥大作用。换一个位置放器械，小小的距离改变，就能带来取放的有序。户外身体锻炼具有开放性的特点，在组织和指导的过程中，有着很多类似器械摆放这样的小细节，如果教师能对这些细节加以留意，并且结合幼儿的行为特点与运动需求不断改进，那么户外体育活动的质量也将得到有效的提升。

（江苏省太仓市科教新城幼教中心　张丹）

16. 衣着服饰大检查

安全是幼儿进行身体运动的前提,当幼儿肆意地在运动场上奔跑的时候,一些潜在的不安全因素不仅会影响幼儿运动的流畅性,更有可能危及幼儿的健康甚至生命安全。教师应全面检查,防范幼儿运动中可能出现的安全隐患,从细节处着手,确保幼儿运动的安全。

案例呈现

初春的早晨,阳光清丽而温暖,是一个外出运动的好天气。到晨间体育锻炼的时间了,老师说:"孩子们,我们该出去运动了,请大家排好队。"孩子们马上集合起来,眼中流露出兴奋的神情。这时,有两个女孩的对话引起了老师的注意,只听小欢对小贝说:"你看我今天穿了新衣服,上面还有美羊羊呢。"老师仔细看了一下小欢的衣服,果然,一枚亮闪闪的美羊羊徽章别在她衣服上醒目的地方,美羊羊的两只尖尖角在阳光下泛着亮光。"如果在运动中,小欢不小心摔跤,被徽章划到,后果不堪设想。"老师想到这,决定和小欢聊聊。她对小欢说:"小欢,先把你身上的美羊羊取下来,好吗?"小欢一脸疑惑,她歪着小脑袋看着老师,小手紧紧地攥着"美羊羊"徽章。老师向她解释:"你看,美羊羊的两只角尖尖的,像两把小刀子,多危险呀!如果你在运动的时候摔跤了,尖角划到你的脸该怎么办呀?"小欢是个很懂事的孩子,听了老师的话,赶忙把徽章取下来放到自己的抽屉里了。

老师在小欢身上发现了危险的信号,那其他孩子怎么样呢?老师仔细观察每一个孩子:小雨的鞋带松了,有绊倒的危险;小莉的裤子长长的,拖在地上,走起路来很不稳当;还有几个爱美的女孩子手上戴着小手镯和手表,漂亮的小靴子上还镶着漂亮的金属饰品;有的孩子帽衫上的带子长长地拖在胸前……这么一看孩子们的衣着,还真是有很多值得注意的地方,需要老师及时地提醒,帮助他们消除运动中的隐患。于是,老师提醒小雨把鞋带系紧,帮助小莉把裤子挽上去,把孩子们的小手镯、手表等小饰品都收进抽屉,让孩子们把帽衫上的绳子藏到衣服里……都做完这些,老师这才松了一口气,现在可以开始快乐运动了。

    晨间体育锻炼是幼儿每天都要进行的活动,也是他们最喜欢的活动项目。在运动的时候,幼儿可以自由地奔跑、跳跃,享受运动的快乐。与此同时,教师也要清醒地意识到,运动时也是危险系数最高的时候,幼儿在运动中的动作力度、活动强度都变大了,任何一个疏忽都有可能引发运动安全事故。

    在日常管理中,教师可能关注更多的是运动器材、设备的安全检查,而对幼儿的衣着服饰却视而不见。我们也发现,幼儿的衣着隐藏着很多安全隐患,如金属饰品、鞋带帽带、拖沓的衣裤、平滑的鞋底等。幼儿的日常生活着装很多不适合运动,虽然漂亮,但在运动中有可能成为引发安全事故的"定时炸弹",使幼儿滑倒、绊倒的可能性大大增加。

    在某幼儿园就曾经发生过这样的事故:一个幼儿被帽衫上的带子勒住了脖子,被吊在大型滑梯上,短短几十秒娇嫩的花儿就凋谢了。惨痛的教训应该让所有教师警醒,在运动前应关注幼儿的穿着,发现不适合运动的因素,及时进行调整与纠正,为幼儿创设一个健康安全的运动环境。

    建议教师也要像案例中的老师一样,在开始运动前做一个从头到脚的"衣着服饰大检查",查一查其中的安全隐患,不放过每一个细节。教师要帮助幼儿拿掉尖利、坚硬的饰品,妥善处理好身上的各种绳带,查看幼儿的鞋子是否适合运动,特别要检查戴眼镜的幼儿眼镜上是否有固定绳。与此同时,教师还要教会幼儿自我检查、相互检查,帮助幼儿学会主动发现危险,排除不安全因素,在安全的前提下快乐运动。

(江苏省太仓市实验幼教中心　张颖黎)

第三章

好习惯伴随你我
——饮水、盥洗及如厕

儿童不是用规则可以教得好的，规则总是会被他们忘掉的……习惯一旦培养成功之后，便用不着借助记忆，很自然地就能发生作用了。

——英国哲学家、教育家 洛克

17. 运动后，少量多次慢喝水

水，是生命之源。每天饮用适量的水，能够促进人体的代谢，消除体内各类炎症，对健康具有不可替代的作用。《3—6岁儿童学习与发展指南》中明确指出要培养幼儿良好的饮水习惯："3—4岁幼儿，愿意饮用白开水，不贪喝饮料；4—5岁幼儿，常喝白开水，不贪喝饮料；5—6岁幼儿，主动饮用白开水，不贪喝饮料。"走进班级，笔者经常会听到老师们说："下面请大家休息一下，想喝水的去喝点水。"喝水是教师经常会提醒幼儿做的事情，但在提醒的同时，教师是否注意到了喝水的科学性和适宜性呢？水是不是喝得越多越好呢？下面我们一起来看一个案例。

案例呈现

初夏时节，上午10点多钟的操场，已然很"炎热"了。果果班的孩子们在玲玲老师的带领下，正在开展体育游戏。20多分钟的活动结束后，孩子们个个满头大汗，气喘吁吁。"今天外面太热了，我们回教室休息吧。"玲玲老师意识到了天气的炎热和孩子们的体力透支，游戏结束后没有逗留，直接带着孩子们回到了教室。

刚踏进教室，天天便嚷起来："老师我热死了，出了好多好多汗啊！"玲玲老师闻言，立刻提醒孩子们："我们刚才在外面做了很久的运动，出了好多汗，身体里好多水分都跑出去了，现在大家赶快去喝水，给我们的身体补充水分，要多喝一点儿哦！"于是，孩子们纷纷拿起杯子接水。不一会儿，晨晨拿着满满一杯水走到玲玲老师跟前，很自豪地说："老师，我已经喝第二杯了，我要好好地补补水。"见状，玲玲老师抓住时机，对其他孩子说："你们看，晨晨多棒，已经喝第二杯水了，多喝水对身体可好了，不仅能补充水分，还能把身体里的垃圾清理出来。"听了玲玲老师的话，其他孩子都争着喊道："老师，我也是第二杯了。""老

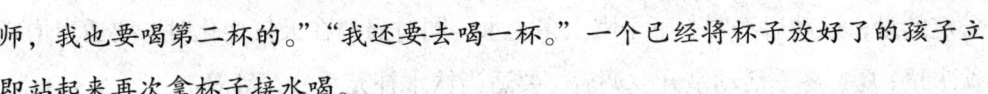

第三章 好习惯伴随你我——饮水、盥洗及如厕

师,我也要喝第二杯的。""我还要去喝一杯。"一个已经将杯子放好了的孩子立即站起来再次拿杯子接水喝。

这时,班里的另一位老师回到了教室,看着满头大汗的孩子们问道:"你们今天玩什么了?出了这么多汗呀?""老师,我们跑步了。""你们刚做完运动,一下子不能喝太多的水,休息一会儿再喝吧。""玲玲老师说,我们身体里的水都出汗出掉了,要补充水分,所以要多喝点儿。"一个孩子回答道。

案例中,面对运动后汗流浃背的幼儿,两位教师提出了两种截然不同的饮水要求,一位教师寻找榜样鼓励幼儿多喝水,另一位教师则阻止他们多喝水,提出休息一会儿后再喝。究竟哪位教师的做法是科学、合理的呢?

相关资料表明,剧烈运动时,人体内的盐分随汗液大量排出体外,饮水过多会使血液的渗透压降低,破坏体内的水盐代谢平衡,影响人体的正常生理功能。运动后喝水,要遵循"少量、多次、慢喝"的原则,这样既可以缓解口渴感,补充体内水分,又不会增加心肺负担,影响身体健康。

由此可见,案例中的玲玲老师鼓励运动后的幼儿马上喝水,而且越多越好,这种做法是不科学的。幼儿运动后一下子喝太多的水,会影响身体健康,严重的甚至会导致休克。正确的做法是,先引导幼儿少量饮水,以减缓口渴感,在休息一段时间后,再提醒他们饮水,此时可以增加饮水量,以便补充体内水分。

在一日生活的各个环节,及时提醒幼儿喝水,帮助他们养成良好的饮水习惯是非常必要的,但同时也要走出"水喝得越多越好"的误区,要引导幼儿科学、合理地饮水。

(1)**采用多种方式,帮助幼儿了解科学饮水的常识**。教师可以在班级内就"喝水"问题进行调查、谈话、讨论等,围绕"喝什么样的水"、"什么时候喝水"、"喝多少水"这几个问题展开,使幼儿了解科学饮水的常识。关于"喝什么样的水",要让幼儿知道多喝白开水,不贪喝饮料;大量出汗后喝温白开水更容易补充水分,不宜喝冰水或饮料。关于"什么时候喝水",可以让幼儿了解几个基本的喝水时间段,如早上空腹喝水,餐后半小时喝水,下午3点左右喝水,晚上睡前半小时喝水等。关于"喝多少水",主要是强调每次(一次性)喝水要有一定的量，运动后不要一下子喝太多的水。同时强调在天气变化时，要适当增减饮水量；夏、冬季活动室开空调后，要适当饮水补充水分，等等。

此外，教师还可以根据幼儿的年龄特点，采用图配文的"温馨小提示"形式，提醒"什么时候喝水"、"喝多少水"的问题，提示幼儿科学饮水，将科学饮水的要求细化到一日活动的各个环节，便于幼儿实际操作和自我管理。

（2）*在日常生活中指导，帮助幼儿养成科学饮水的习惯*。教师在日常生活中随机对幼儿进行饮水指导，具有很强的针对性和时效性，有利于幼儿养成科学饮水的习惯。比如遇到幼儿在运动后大量喝水的情况时，教师可以马上提醒幼儿减少饮水量，引导他们休息后再喝水，并利用休息时间介绍为什么运动后不能喝很多水，丰富幼儿的饮水常识。关于饮水量的控制，教师可以根据幼儿的年龄特点给予不同的指导，比如小班幼儿，需要教师帮助确定饮水的量；中、大班幼儿可以用在杯子上贴标记的方法，学习自己把握饮水量。

教师在实际情境中的指导，能够切实有效地帮助幼儿科学饮水。同时，教师在指导幼儿科学饮水的同时，不能忽视幼儿的个体差异，如不同幼儿的饮水需求和饮水量是不一样的，要因人而异。

（江苏省太仓市艺术幼教中心　丁瑜）

18. 小手闻一闻

你知道吗？平常人的一只手大约沾附40多万个细菌，平时最常见的呼吸道传染病如肺炎、感冒等，消化道传染病如腹泻等，都可以通过手传播。而日常生活中，人在1小时内至少会三次不自觉地用手碰触自己的鼻子、眼睛、嘴巴等部位，儿童就更不用说了，这样就可能为病原传播创造机会。《幼儿园教育指导纲要（试行）》强调保教结合，提出了"培养幼儿良好的饮食、睡眠、盥洗、排泄等生活习惯和生活自理能力"、"教育幼儿爱清洁、讲卫生，注意保持个人和生活场所的整洁和卫生"的教育内容和要求。可见，帮助幼儿学会正确的洗手方法，形成良好的生活习惯是非常必要的。

第三章 好习惯伴随你我——饮水、盥洗及如厕

案例呈现

这天,孩子们结束晨间身体锻炼之后,从户外回到了活动室。接下来是盥洗和点心时间,孩子们稍作休息之后,陆续地到卫生间小便、洗手,为吃点心做准备。

老师站在卫生间的门口,仔细地观察每个孩子的盥洗情况。

小艾从卫生间走出来的时候,老师轻轻地抓住她的肩膀对她说:"让我闻闻你的小手。"小艾大方地把手凑近老师的鼻尖,老师深深地吸了一大口气说:"哇!你的手好香啊,都是肥皂的香味。不过,好像还有很多的肥皂泡泡留在了你的手心上,它们会跟着饼干一起吃到你的肚子里哦。"老师停下来,期待地看着小艾,问:"你说怎么办?"小艾想了想,说:"那我再去把肥皂泡泡全部冲掉吧!"老师又追问:"你的手上为什么有这么多的肥皂泡泡呀?"小艾说:"我刚才洗手的时候用了太多的肥皂。"

波波从卫生间走出来时,老师同样也要求闻闻他的手。老师闻过之后,皱了皱眉说:"哎呀,你刚才已经洗过手了,怎么还有一股酸酸的汗味,这是怎么回事呀?"波波下意识地抓了抓头发说:"洗完手,我又摸了摸自己的头发,我的头发上有汗呀。"老师说:"噢,原来是这么回事儿呀。有汗味的小手算是洗干净了吗?"波波爽快地说:"不算不算,我再去洗一洗。"

就这样,在老师每天不厌其烦的闻一闻、看一看中,孩子们喜欢上了洗手,喜欢上了洗完手后干净的感觉,更在不知不觉中养成了爱洗手、会洗手的习惯。

洗手是幼儿在园一日生活中最普通的一件事,却又是最重要的一件事,因为它关乎幼儿卫生习惯的养成和身体健康。幼儿养成一个好习惯并不容易,有时候教师强硬的规定不奏效时,不妨运用一些迂回、有趣的方法,这样孩子更容易接受。在本案例中,教师摒弃了传统的说教,采用了一种更平和、自然的方式引导幼儿主动洗手,并使他们知道洗手的重要性。教师重在引发幼儿的自主意识,而不是从外部强加给他们,这种"润物细无声"的做法是值得学习的。教师在引导幼儿乐意洗手、学会洗手的过程中,并不是一味地"冲"在前面"指手画脚",而是

站在一旁，淡定又细致地观察，看清每一个孩子在洗手时的动作和情况，从而有针对性地向他们提出建议。幼儿能感觉到老师在关注自己的行为，但并不强行介入，这使他们感到放松、自由。

《幼儿园教育指导纲要（试行）》指出："幼儿园必须把保护幼儿的生命和促进幼儿的健康放在工作的首位。"本案例主要呈现了幼儿洗手环节中比较常见的两种现象，即幼儿不会正确地洗手和洗完手后不会保持清洁。让幼儿形成主动洗手的意识，知道正确的洗手方法并且能够保持小手的清洁，是教师在组织一日活动时不可忽视的教育细节。

（1）**教师可以通过多角度指导，让幼儿学习正确的洗手方法**。本案例中，教师采用"闻闻小手"的方法对幼儿进行正确洗手的指导，这种指导是建立在仔细观察的基础上的，教师利用与幼儿的身体动作互动、语言对话、眼神交流等来达到检查、指导的目的，是幼儿乐意接受的，很好地起到了督促幼儿正确洗手的作用。教师也可以通过在洗手池周围粘贴"湿、搓、冲、捧、擦"的"五步洗手法"图示，来提醒幼儿用正确的方法洗手，或者用"洗手歌"提醒幼儿正确洗手，激发他们主动洗手的意识。教师还可以采用"值日生"检查、指导的方式，引导幼儿相互督促和自我管理，帮助幼儿掌握正确的洗手方法，养成良好的洗手习惯。

（2）**教师可以渗透健康理念，帮助幼儿建立卫生行为意识**。本案例中，教师没有强硬地说"你是怎么洗手的"、"你的手没洗干净，再去洗洗"等，而是从幼儿的年龄特点出发，和他们对话，向幼儿渗透健康理念，既通俗易懂又充满情趣，使幼儿乐于接受。在洗完手后从卫生间回到自己的座位这一段时间，很多幼儿在一开始总会不由自主地东摸西碰，教师这时可以引导幼儿双手十指相扣并握住，还可以用更形象的语言告知幼儿"这是大炮手，随时准备向饼干发出攻击"等，让幼儿知道这样的方法可以让小手保持干净，有利于身体健康。以上诸多方法对于幼儿卫生行为意识的建立能起到很好的促进作用。

洗手环节中的细节还有很多，需要教师细心观察，及时发现问题并采取有趣、有效的方法加以引导。只要立足于幼儿的发展，许多琐碎的问题都能够顺利地得到解决。

（江苏省太仓市浏河镇幼教中心　梅燕芳）

第三章　好习惯伴随你我——饮水、盥洗及如厕

19. 小小值日生，老师的好帮手

美国心理学家拉施里做过一项动物记忆实验，他发现一种行为重复 21 天就会变成习惯，90 天的重复就会变成稳定的习惯，坚持的时间越长，习惯越牢固。孩子的习惯养成亦是如此。良好习惯的养成除了坚持，还需要建立在一定的规则的基础上，规则可以由教师和孩子一起制定，但是因为孩子年龄小，持久性和自觉性还不够，需要教师和保育员经常督促与指导。然而，在面对全班 30 多个孩子时，教师对于他们的生活、卫生方面的指导就会显得力不从心，难免会出现"漏网之鱼"。有了值日生这群小帮手的协助，情况就不同了。

案例呈现

"今天我呀起得早，要到幼儿园，妈妈问我为什么，因为我是值日生……"自从学了《我是值日生》这首歌，中一班里就有了"值日生"这个职务。今天轮到婷婷和东东当值日生，婷婷平时比较乖巧，东东则略有一些调皮。戴上值日生的牌子，婷婷和东东的脸上露出了自信的笑容。晨间体育锻炼结束，孩子们玩得满头大汗，小手也脏兮兮的。"宝贝们，到活动室别忘了小便、洗手、喝水哦。"老师大声地提醒孩子们。来到活动室，两个值日生早就神气地站在了自己的岗位上。他们分工明确，东东负责站在盥洗室门口。因为是冬天，老师提醒孩子们洗手前一定要把袖子挽起来，免得弄湿了，所以，总有小朋友会找值日生帮忙挽袖子，东东有求必应，乐此不疲地忙活着。而婷婷则站在饮水处，不时地提醒喝水的小朋友排好队。

过了一会儿，东东急匆匆地跑来说："老师，齐齐不洗手，在卫生间洗头。"老师走进卫生间一看，果然，齐齐正用保育员用来消毒的水桶接水洗头呢，把头发都弄湿了，地上也洒了不少水，还引来了一群"小观众"围观。老师赶紧让保育员将弄湿的地面擦干，防止其他孩子滑倒，然后将齐齐带出卫生间并找来干毛

巾，把他的头发擦干。老师对齐齐说："齐齐，以后可不能在卫生间洗头了，这样会生病的。"听了老师的话，齐齐使劲地点了点头。后来，老师在大家面前表扬了东东和婷婷值日生工作认真负责，两个孩子的脸上绽开了灿烂的笑容。

在班级中设立值日生岗位，让幼儿尝试做值日生，可以使幼儿养成良好的劳动习惯和为同伴、为他人服务的意识，培养他们的自信心和责任感，增强他们的社会交往能力和动手实践能力，让幼儿在生活实践中得到发展。值日生还可以协助教师提醒同伴遵守活动规则，督促同伴养成良好的生活、卫生习惯，培养自己初步的参与班级管理的意识。对于幼儿而言，有了同伴的提醒与帮助，有利于良好习惯的养成。案例中，教师及时处理值日生反映的问题，有效地阻止了幼儿的不良的行为，避免了同伴间的相互效仿。问题解决之后，教师又抓住时机，对两位值日生认真负责的工作态度给予肯定，让幼儿掌握了值日生工作的要点，并进一步明确了值日生工作的职责所在。

幼儿都非常乐于当值日生，怎样才能更好地发挥值日生的作用，让幼儿良好习惯的养成变得轻松又有效呢？以下做法也许能给你一些小小的启发。

（1）**共同商讨，明确职责**。值日生和教师一起承担班级常规管理的任务，值日生工作的职责一定要明确。值日生工作的具体内容应该根据班级幼儿的实际情况，由教师和幼儿一起讨论，共同商议并制定，因为幼儿更容易遵守自己制定的规则。教师可以用图文结合的方式将值日生的主要工作内容和一些既定的规则直观地呈现给幼儿，作为暗示和提醒。

（2）**机会均等，合理轮岗**。值日生工作可以培养幼儿的责任心，锻炼幼儿的多种能力，如果机会总是给予能力强的幼儿，那么对于其他幼儿是不公平的，这样做只会造成班级幼儿能力发展的两极分化。在值日生工作的起步阶段，可以尝试幼儿自主推选的方式，一般幼儿都会推选能力强的同伴来担当。等到值日生工作步入正轨后，可以尝试按照幼儿的学号请他们轮流当值日生，使每个幼儿都有机会当值日生，这也是一种班级民主与人人平等的体现。

（3）**及时肯定，传递"正能量"**。在幼儿担当值日生的过程中，教师可以试着观察他们的行为表现，你会惊喜地发现他们的责任意识和自律性都有一定的加强。上述案例中，平时比较调皮的东东似乎一下子长大懂事了，成了大家的好榜样，显然，是"值日生"这项工作让他有了这样的改变。这时，教师要对幼儿的进步及时表示肯定，进一步强化幼儿良好的行为表现，并将这种"正能量"尽可能多地传递给更多的幼儿。

值日生工作的开展，真正地调动了幼儿的自主性和自觉性，使他们成为老师的好帮手、班级管理的小主人。

（江苏省太仓市实验幼教中心　肖芳）

20. 花草类比促喝水

水是人类的生命之源，是人体不可缺少的物质。水是人体细胞和体液的重要组成部分，同时具有参与代谢全过程、维持血容量、调节体温等功能。每天喝一定量的水，可以保护肾脏，排除体内毒素。在幼儿园，孩子喝水这个看似简单的问题引起了老师和家长们的关注。

案例呈现

甜甜是刚转入园的孩子。一次早上来园时，甜甜妈妈找到孙老师问："老师，我们家甜甜在幼儿园喝水多吗？""应该不少啊。幼儿园有固定的点心时间，还有很多自由活动时间，孩子随时都可以喝水。"孙老师回答道。"哦，我看甜甜放学一回家就急着喝水，而且最近小便黄黄的，就想是不是在幼儿园没怎么喝水呀？"听了甜甜妈妈的话，孙老师心里也打起了问号，难道孩子真的没喝够水吗？

吃早点时，孙老师特意观察甜甜喝水的情况。只见她随同组的几个小伙伴一起来到水箱前，拿出杯子只接了一点点水就回到了座位上，吃着饼干，几小口就把杯里的水喝完了。

孙老师正想走过去劝她再喝一些水，眼角余光瞥到了自然角，几个先吃完的孩子正围着新开的小雏菊兴高采烈地说着什么。是啊，人体需要喝水，和花草需要浇水不是同样的道理吗？于是，吃完早点后，孙老师和孩子们进行了话题讨论："花草为什么需要浇水呢？"孩子们争先恐后地回答："不浇水，小花会枯死的。""小草也会枯死的。""它们的叶子都会掉下来的。"孙老师随即说道："就是啊，我们人类就像小花小草一样需要水。每天我们出了汗、小便后，身体里的水慢慢地少了，如果不及时喝水，我们的身体会怎样呢？"孩子们听了一脸惊讶："哦，那我们也要枯死了啊。""那我们就要变得干干的啦。""所以啊，当我们出了汗、嘴巴干或者发现小便颜色黄黄的，那就要多喝水啦。每天要喝上好几次水，才能让我们的身体一直水润润的，这样才健康哦！"说着孙老师悄悄地看了一眼甜甜，她正睁大眼睛听得入神呢。"那么，我们每次喝水杯子里倒多少水合适呢？一天下来怎么知道自己喝了多少水呢？……"随即，新一轮的话题讨论又展开了，孩子们你一言我一语地提出自己的"高招"。孙老师还和他们一起上网查看了关于每天科学喝水量、喝水方法的资料，最后制定了饮水规则：每次喝水时杯子里接大约半杯水（因为太多了容易洒出来，太少了只能喝到一点点）；每天喝了几次水自己可以记下来。

接下来的日子里，孙老师和孩子们一起制作了接水时的水量提示图贴到水箱上，又制作了"喝水记录图"贴在水箱旁。喝水记录图上有几排花朵，每朵花的中间是孩子们的笑脸，每喝一次水就在花朵上方插一张"小水滴"图片，这样，一天下来谁喝了多少水就一目了然了，孩子们还会主动提醒忘记喝水的同伴呢。

喝水，这样一个看似不起眼的小细节，却对幼儿的身体健康有着不小的影响。幼儿新陈代谢旺盛，身体所需水分较多，平时又比较好动，运动量相对较大，身体中的水分更容易缺失，只有每天提供充足的水分，才能保证幼儿的一日活动所需及生长发育需要。可是，现在很多幼儿都不爱喝水，究其原因，大致有三点：一是幼儿从小习惯于喝各种饮料或者是有味道的水，对于白开水比较抗拒；二是通常家长都会主动把水送到孩子嘴边，长此以往他们就没了主动喝水的意识；三是爱玩是幼儿的天性，他们往往一玩起来就顾不上喝水了。所以，即使现在很多幼儿园里幼儿喝水都是不限量的，可以随时去喝，可还是会有很多幼儿存在着喝水量不够的问题。

第三章　好习惯伴随你我——饮水、盥洗及如厕

因此，教师在一日保教活动中更要关注幼儿喝水的细节，除了上、下午两次点心时的水分补充之外，还要培养幼儿平时主动喝水的意识和习惯。

（1）**向幼儿介绍喝水对身体的重要性**。教师可以播放一些科普视频，帮助幼儿拓展认识；可以和幼儿一起照料植物，感受水对生命存在的重要性；还可以让幼儿观察比较喝水前后小便的颜色，感知喝水的重要性。

（2）**对于不同年龄段的幼儿，要有不同的指导重点**。小班刚入园的孩子，自主意识较弱，不知道主动喝水，教师可以拿着水壶给他们倒水或一次次地提醒他们接水喝，以保证幼儿一日的饮水量；而中、大班的幼儿有了初步的是非观念和规则意识，借助教师的鼓励、同伴的相互提醒与监督，待坚持一段时间形成良好的常规习惯后，就能比较自觉地饮水了。

（3）**家园合作**。对于不爱喝白开水的幼儿，教师要多和其家长沟通，请家长在家也坚持培养幼儿喝白开水的习惯。比如可以为幼儿挑选一个喜欢的水杯；借助幼儿喜欢的动画角色讲喝水的故事；生活中尽量避免购买饮料，使幼儿慢慢地喜欢喝白开水。

总之，家长、教师要给予幼儿恰当、有效的指导，帮助幼儿养成健康、科学的饮水习惯，保证幼儿的身体得到及时、充足的水分供应，以更好地促进幼儿身体的生长发育。当然，喝水只是幼儿生活中的一个小细节。教师应从小处着手、大处着眼，帮助幼儿学会生活、学会自理、学会表达，培养幼儿健康的生活习惯和健全的人格品质。

（江苏省太仓市城厢镇幼教中心　谢玉兰）

21. 老是上厕所的轩轩

初次离开家庭的小班幼儿，面对陌生的幼儿园生活，不可避免地会陷入紧张、焦虑的情绪中，随之其生活、行为也会出现一些问题。如果不及时帮助他们解决因情绪紧张带来的问题，则有可能会直接影响他们身心的健康发展。教师在迎接刚入园的小班幼儿时，要有洞察能力，通过观察幼儿的言行，理解他们的情感需求，发现他们的行为问题，及时提供适时的帮助和有效的回应，以帮助他们缓解心理压力，尽快地适应幼儿园生活。

案例呈现

新学期开学不久，大部分孩子逐渐适应了幼儿园的集体生活，在老师的带领下，孩子们开始喜欢参加集体活动，一起唱歌、听故事、做游戏，但是，小一班的魏老师却发现了一件奇怪的事情。

那是在开学后第二个星期的星期一，吃好早点，盥洗结束，魏老师正准备和孩子们一起讲故事，突然发现坐在后排的男孩轩轩不停地在座位上扭来扭去，两腿夹得紧紧地，神色紧张。魏老师走过去问："轩轩，你是要尿尿吗？"轩轩马上点头称是。"没关系，如果你课上想小便，举一下手让老师知道，就可以轻轻地自己去。"魏老师和蔼地说。轩轩很快小便完回到了座位。可是，还没到3分钟，轩轩又扭了起来，魏老师看着他难受的样子，连忙点了下头，示意他可以去小便，同时示意保育员阿姨帮着照顾轩轩。结果，在短短的10多分钟的集体活动中，轩轩一共去了四次厕所。课后，魏老师询问保育员跟进照顾的情况，保育员一脸无奈地说："每次进厕所他都有尿，但尿得有点辛苦，又很少。"

接连两天，轩轩都是这样。"会不会是他心里紧张，不适应幼儿园新环境呢？"魏老师想。一次教学活动后，魏老师搂过轩轩，轻声问："轩轩，在课上你怎么会经常想要尿尿呢？"轩轩说："是啊，它坏掉了！"魏老师不禁哑然失笑。望着和小朋友一起游戏的轩轩，魏老师认为有必要和他妈妈沟通一下。

经过与轩轩妈妈交流，魏老师了解到，轩轩最近在家也有尿频的情况，但是不像在幼儿园这么频繁，家长也没有把这事放在心上。轩轩奶奶还开玩笑说："怎么回事？这'宝贝'是不是坏掉了！"经过与家长的细致沟通，同时查阅了相关资料，询问了有经验的老师，魏老师认为导致轩轩尿频的原因，可能有两个方面：一方面，轩轩体质较弱，进入幼儿园生活后三天两头感冒，尿频可能是因为体质弱感染后引起的轻微炎症的表现；另一方面，轩轩是个敏感的孩子，轻微的炎症带来的不适，让他害怕自己尿裤子，所以一到集体活动，他就害怕,越害怕紧张,小便次数就越频繁。魏老师一方面叮嘱家长及时带孩子到医院就诊,治好炎症;另一方面,经常和轩轩一起手拉手谈话、游戏,每当轩轩有尿意的时候,魏老师都是一副"没关系,我理解"的表情。慢慢地,轩轩的紧张情绪得到了缓解,随着生理症状的减轻,心理的紧张和行为异常也逐渐消失了。

新的环境会给幼儿带来很多压力,包括生理上的和心理上的,而小年龄的孩子,更需要教师的细心观察和理解。上述案例中轩轩的尿频既有生理上的问题,也有心理上的问题,如果教师没有把握好方法帮助幼儿脱离困境,那么轩轩的行为异常将会持续更长的时间,进而影响其身心健康。在保教过程中,类似轩轩这样的尿频事件时有发生,有的是由生理疾病引起的,有的是由心理强迫引起的(轩轩的尿频有一小部分是心理问题),还有由其他复杂因素引起的。所以,教师不仅要关注幼儿的行为,更要了解幼儿行为背后的原因,及时给予帮助和指导。要努力做到"三个有":

(1)教师要有第三只"眼"。这只"眼"有着细致的观察能力,它能看到幼儿细小的问题、细微的异常,及时地解读幼儿异常行为背后的真正原因,及时了解幼儿的真实状况,明白他们担心什么、需要什么,并用正确、科学的方法帮助幼儿。教师要让这只"眼",真正成为了解幼儿、发现幼儿、帮助幼儿的秘密武器,让幼儿园教育真正为幼儿的健康成长保驾护航。

(2)教师要有另一双"手"。这双"手"是扶持幼儿成长的拐杖,当幼儿感到害怕时,这双"手"呵护他们,给他们以妈妈般的温暖,帮助他们蹒跚起步;当幼儿遇到窘境时,这双"手"维护他们,给他们以信心和勇气,帮助他们重塑自信;当幼儿面对困难时,这双手支持他们,给他们以智慧和力量,帮助他们战胜困难。教师要让这双"手",帮助幼儿获得解决问题的能力、获得战胜困难的信心、获得健康成长的力量源泉。

(3)教师要有一颗智慧的"心"。这颗"心"是理解幼儿、亲近幼儿心灵的站点。从这个站点出发的每一个教育行为,都诠释了教师作为教育工作者的教育智慧和科学育儿理念,都融合了教师对幼儿的关爱、理解、接纳和尊重。教师要真正做到《3—6岁儿童学习与发展指南》中所指出的"让幼儿度过快乐而有意义的童年"。

(江苏省太仓市新区幼教中心 袁迎春)

22. 如厕,男孩女孩不一样

如厕,是幼儿园一日活动中的重要生活环节,也是培养幼儿良好的生活习惯和生活自理能力的环节。小班幼儿的生活自理能力较弱,自我意识也处于萌芽时期,在如厕环节他们会遇到很多实际问题。让我们一起走进下面的案例,看看幼儿在如厕时遇到了什么问题,教师又是如何对幼儿进行指导与帮助的。

案例呈现

户外活动结束了,孩子们陆陆续续回到教室,小便、洗手、喝水。保育员站在厕所门口关注着孩子,教师则在教室里帮助先完成盥洗的孩子整理衣裤,组织他们用点心,教室里回响着班得瑞的音乐,这是教师为舒缓孩子的情绪特地准备的。温馨的氛围中,忽然响起一阵哭泣声,哭声越来越大,是从厕所传出来的。这时,保育员从厕所里把哭得稀里哗啦的佳佳抱了出来,告诉老师佳佳小便时尿在身上了。

在小班,这是最常见的事情。保育员帮佳佳换上了干净的裤子,教师安慰佳佳说:"小便在身上一点关系也没有,我们是勇敢的孩子,可不能因为这点小事哭。"佳佳在老师的安慰下,慢慢稳定了情绪,不哭了。事情似乎已经解决,教师也没有很在意,继续组织孩子们开展活动。

"这个孩子,也不知怎么小便的,把裤子尿湿了,连鞋子、袜子都尿湿了。"保育员一边收拾佳佳换下来的衣物,一边自言自语。保育员的一句无心之言,引起了教师的注意:"对呀,佳佳是个自理能力不错的小女孩,开学到现在,从来没有小便在身上,今天到底是怎么回事呢?而且就算裤子没拉好,也不会鞋子、

第三章 好习惯伴随你我——饮水、盥洗及如厕

袜子都湿了。"于是,吃完午饭,教师特地找佳佳聊天。

"佳佳,你今天早上穿的小裤子特别漂亮,怎么不小心尿湿了?"

"和陌陌、阳阳一样,就尿湿了。"

虽然佳佳的表述很简单,教师还是听懂了。陌陌和阳阳是与佳佳一组的男孩子,原来佳佳分不清男孩、女孩小便的不同,想和朋友一样站着小便,就尿在身上了。

小班刚入园的宝宝没有性别意识,喜欢模仿,在他们身上出现这样的问题一点也不奇怪。于是,教师给班级里的宝宝们每人制作了一张性别卡片,男孩是没有辫子、站着、穿裤子的形象,女孩则是扎着辫子、蹲着、穿裙子的形象。同时,在厕所的不同如厕区,也分别贴上了男孩、女孩标志。教师结合标志,向孩子们介绍男孩和女孩的一些不同特点,又组织全班的孩子参观厕所,介绍男孩、女孩不同的如厕方式,帮助孩子了解如何寻找和自己身上一样的标记如厕。虽然小班的孩子还不能清楚地区分男孩和女孩,但是通过使用标记的方法,他们慢慢地知道了该采用怎样的方式正确小便,以后再也没有出现像佳佳一样的问题。

幼儿在入园前,在家里一般都是使用痰盂或马桶如厕,不管男孩还是女孩,多以坐姿大小便。入园后,如厕的环境与方式都发生了变化。由于缺少新环境下如厕的经验,缺少性别区分能力以及喜欢模仿等特点,导致经常出现男孩像女孩一样蹲着小便,女孩像男孩一样站着小便等现象。案例中的事情,由于是在视线之外发生的,教师一开始并没有关注,而是当成了普通尿裤子事件来处理。但从保育员的讲述中,教师敏感地捕捉到了问题,并通过及时与幼儿交流,了解到了幼儿尿裤子的真正原因,从而引起了对"男孩、女孩不同如厕方式"这样一个问题的关注。在后续的指导中,教师没有针对佳佳一个人,而是面向全体幼儿,利用谈话、标志提示等方法,帮助全班幼儿了解男孩、女孩的不同,区分男孩、女孩的如厕方式,解决了幼儿的实际问题。

在"男孩、女孩以不同的方式如厕"这一细节的背后,其实隐含着"幼儿性别教育"的大话题,不同年龄段的幼儿会呈现不同的问题。

小班幼儿性别意识差,在如厕时会出现小便方式不正确的问题。我们可以像案例中的教师一样,通过谈话或集中活动,向幼儿介绍男孩、女孩的不同特征;也可以利用图片标志等形式给予幼儿直观形象的性别提示;还可以通过活动分组,如男孩、女孩分组开展活动,来加强幼儿对自我性别的判断;对总是出错的幼儿,教师还可以通过提醒,帮助其逐步区分,建立性别意识。幼儿一旦建立了性别意识,学会了正确判断男孩女孩,采用何种方式正确小便的问题也就迎刃而解了。

中、大班幼儿已经能够清楚地区分男女性别。在如厕时,他们表现出的往往是性别意识不强的问题。他们可能会对同伴不同的小便方式甚至性器官感到好奇,从而出现围观等情况,甚至向教师提出"为什么不一样"之类的问题。面对这类情况,教师一是需要积极面对,正确引导,及时解答幼儿心里的疑问;二是可以采用男孩、女孩轮流小便等方式,帮助孩子增强性别意识,了解男孩、女孩如厕是不一样的,不能随便看对方如厕,知道在公共场所要按性别进入不同的盥洗室等。

如厕环节与幼儿生活自理能力、卫生习惯培养、性别教育等息息相关,它是幼儿生活教育的一项重要内容,蕴含着很多有价值的教育细节,让我们在关注中发现这些细节,在帮助与指导中促进幼儿身心健康发展。

(江苏省太仓市科教新城幼教中心 张丹)

23. 憋尿的孩子

幼儿要在幼儿园里生活一天的时间,自然摆脱不了吃喝拉撒那些事。在"保教并重"的幼儿园阶段,对幼儿生活方面的护理是保育的重要工作,尤其是在小班阶段。小班的幼儿从对其生活呵护备至的家庭来到幼儿园集体环境,无论是生活习惯还是心理环境都需要重建,这对小班幼儿来说是一个巨大的挑战。此时需要教师对幼儿进行悉心、细致的照料,以帮助幼儿平稳、顺利地度过转折期,养成健康的生活习惯,适应幼儿园集体生活。

第三章 好习惯伴随你我——饮水、盥洗及如厕

小涵是一个含蓄、内向的女孩。她入园两个月了，已经过了哭闹期，能够情绪稳定地来园了，这对她来说是一个巨大的进步。不过，这几天小涵表现有些异常，已经一连好几天尿湿裤子了。虽然老师和她母亲沟通过，但仍未见效。老师决定再观察一下小涵的行为，希望能从中发现一些端倪。

这天学习活动过后，老师提醒幼儿小便、喝水。小涵并没有起身，而是静静地坐在椅子上，老师走上前去询问："小涵想要小便吗？"小涵摇摇头。孩子没有意愿，老师也没有强求，但喝过牛奶和水的小涵应该很快会有小便需求的。游戏时，小涵选择了自己喜欢的娃娃家，开心地当起了"妈妈"。没过多久，只见她两条腿夹得紧紧地，不时来回地扭动，神情紧张，嘴里还发出"嗯嗯"的声音。老师连忙跑上去询问："小涵，是不是想小便呢？"小涵的头点得像"鸡啄米"，老师赶紧拉着她到卫生间，这次小涵没有尿裤子。

帮助小涵解决小便之后，老师把她揽在怀里，轻声地问她："小涵，刚才差一点就要尿裤子了，好危险哦，你刚才那样难受吗？"小涵看着老师，微微地点了点头，看来孩子对小便是有感觉的，说明生理上没有问题。"老师告诉你，你已经是大孩子了，小便的事情要自己去，肚子里有感觉就要到卫生间小便，不然就要尿裤子了，多不舒服呀。"小涵听懂了老师的话，小声告诉老师："我刚才差点就要小便出来了。"看来孩子懂得小便急的感受，也有起码的羞耻心。

"小涵，老师想和你做个游戏，如果你以后可以自己上厕所，不尿裤子，老师会送你一份小礼物作为奖励，好不好？"小涵高兴地点点头。老师伸出小手指说："那我们拉钩，一定要做到哦。"小涵爽快地和老师拉了拉钩，显得非常开心。

接下来的几天，老师密切注意小涵的行为，先适时提醒，后逐步放手看她自己的表现，在一周的时间内小涵养成了主动如厕的习惯，老师如约送给她最喜欢的小玩具。

憋尿现象在刚入园的小班幼儿中经常出现。一方面，小班幼儿年龄小，又处于对新环境的适应期，胆小、焦虑，不敢向老师表达需求。另一方面，幼儿在家中解决小便问题多是家长包办，自主小便的习惯还没有养成，自主如厕的能力较差。虽然是普遍现象，但不容忽视，这不仅关系到幼儿的生理健康，更重要的是会影响幼儿的心理发展。经常尿湿裤子的幼儿也许会遭到同伴的嘲笑，自尊心受伤。因此，教师要特别重视幼儿的憋尿问题，小心处理，通过细致的观察、适时适当的引导帮助幼儿克服憋尿的问题。

案例中的教师在带班过程中发现问题，通过细心的观察发现小涵小便的时间点，及时介入，成功避免幼儿尿湿裤子。此外，教师与孩子的交流都是以个别的方式小声交谈，这种私密的谈话方式很好地呵护了幼儿的自尊心。教师还通过约定游戏，激发幼儿的自理意识，在后续的时间里教师从介入到逐步退出，帮助幼儿自然养成了良好的小便习惯，说明教师的指导策略是比较适宜、到位的。由此可以看出，教师只有从幼儿细微的行为变化中发现信息，并进行细心、贴心的指导与呵护，才有可能成功地帮助幼儿解决问题，使其形成良好的生活自理习惯。

(江苏省太仓市实验幼教中心 张颖黎)

第四章

张开智慧的翅膀
——学习进行时

人的内心里有一种根深蒂固的需要——总想感到自己是发现者、研究者、探寻者。在儿童的精神世界中,这种需求特别强烈。但如果不向这种需求提供养料,即不积极接触事实和现象,缺乏认识的乐趣,这种需求就会逐渐消失,求知兴趣也与之一道熄灭。

——前苏联著名教育家 苏霍姆林斯基

24. 小座位，大学问

教育是一门艺术，一个成功的教学活动，涉及方方面面诸多因素，如教学目标的制定、重难点的把握、环节的设计、环境的创设、材料的投放、师幼的互动等。教学活动中座位如何安排，这样一个看似无关紧要的问题也蕴含着很大的学问，影响着教学活动的顺利开展。

 **案例呈现**

圆形座位安排

在开展大班音乐活动"骑马舞"时，王老师请幼儿将小椅子围成一个大圆圈，大家面向圆心围坐。在倾听音乐、感受了节奏特点之后，王老师提出问题："听到这样的音乐，你想做什么动作呢？"王老师鼓励幼儿自由创编动作，并请个别幼儿在圆心位置进行展示、交流，大家互相学习、分享。在自由创编了骑马、扬鞭等动作之后，王老师以游戏的形式组织幼儿完整表演。她先请一个幼儿听着音乐前奏找到一个同伴，然后两人一前一后搭着肩在椅子外绕圈表演骑马、扬鞭、勒缰绳等动作。其余幼儿此时则反坐在椅子上，手扶椅背表演骑马动作以作呼应。一遍游戏结束之后，圈外的两名幼儿各自再找一个同伴，4人成一列绕圈表演。游戏继续进行，直到所有幼儿排成长长的一列一起在椅子外绕圈表演。游戏中，幼儿始终保持着高昂的情绪。

双马蹄形座位安排

在大班进行科学活动"传声筒的秘密"时，李老师将幼儿的座位安排成了双马蹄形。左右相邻的两个幼儿为一组，合作探索传声筒的秘密。教师为每一组幼儿提供了两个外形一样的中空纸筒，其中一个纸筒的中部塞有毛巾。幼儿在"你说我听"的传声游戏中，惊奇地发现了传声现象，并通过对比很快地发现了两个纸筒的不同。

上述两个活动中,教师针对不同活动的特点对座位做了不同的安排,取得了较好的活动效果。在大班音乐活动"骑马舞"中,教师打破了常规的座位安排方法,结合舞蹈活动的特点请全体幼儿围坐成一个圈。这样既给幼儿的动作练习提供了开阔的场地,同时也形成了一个更自然的对话环境,便于教师和幼儿以及幼儿间的互动、交流。最后的表演游戏,巧妙地借用了现成的圆形座位,引导幼儿在座位外绕圈表演动作,增添了新奇感,同时也暗示了表演行进的方向,便于幼儿理解游戏规则,有效地促进了活动的开展。在大班科学活动"传声筒的秘密"中,教师设置了双马蹄形座位,使幼儿自然结伴成组玩"你说我听"游戏,既有效地促进了幼儿与同伴的合作与交流,也形成了良好的操作氛围和活动秩序,有效地保障了活动的顺利开展。可以看出,两个活动的座位安排都比较合理,能有效地为教学活动服务。

教学活动中座位的安排是一门大学问。幼儿的座位怎么安排,取决于教学活动的需要,以便于幼儿的学习和教学活动的组织为选择依据。比如,在组织舞蹈活动、音乐游戏时,需要给幼儿留出较大的活动空间,将座位排成大的开口圆或者大U字形可能比较合适;而以语言交流、分享为主的活动,幼儿的座位则要相对集中,营造出有利于对话的氛围,此时可以将座位排成马蹄形、半圆形等;一些操作、探索类的活动,则要在幼儿的座位间预留出一定的空间,以便于幼儿走动。

很多时候,不恰当的座位安排会影响教学活动的顺利开展和有效实施。比如,活动时的"老三排"或者"老四排"座位安排方式,即将幼儿的座位排成简单的三横排甚至四横排,这样后排幼儿距离教师较远,视线容易受到影响,注意力容易分散。最关键的是,这样的座位安排对于全班幼儿间的对话、互动不利。前排幼儿讲述时,后排幼儿只能看见前面幼儿的后脑勺;后排幼儿讲述时,前排幼儿要扭着身体回过头来看,要不就只能听别人的声音,而看不见别人的眼神、动作、表情等,这样自然影响了幼儿在交流中的观察、倾听、回应效果,也容易导致幼儿注意力分散。在《老师,你在听吗?——幼儿教育活动中的师幼对话》一书中,作者丽萨·波曼提出了全班对话的空间要求,她认为,有足够的空间来围成圈是很重要的,因为这能形成一个更自然的对话环境,幼儿在其中能够互相谈话,而不只是和教师谈话。在围成的圈中,幼儿可以相互进行眼神交流,从同伴的动作、表情中得到信息,这能够鼓励更多的幼儿进行互动。

在安排幼儿的座位时,教师还需注意到幼儿的个体差异,根据幼儿的个性特点、能力差异、学习兴趣等合理安排幼儿的座位。比如,让文静的幼儿和活泼的幼儿坐在一起,能够起到互补的作用;让能力强的幼儿与能力弱的幼儿坐在一起,可以利用同伴的影响力,带动能力较弱的幼儿发展,并且能够培养幼儿互帮互助的良好行为。另外,在关注座位安排形式的同时,教师还要关注每个幼儿是否都能清楚地看见老师以及活动中呈现的图片、视频、教具等。教师站(坐)在什么地方,黑板、展示板等放在什么位置,教师都要从幼儿的角度去考虑,一切都要便于幼儿活动、交流,有利于形成良好的学习氛围。

在教学活动中,幼儿的座位安排是灵活可变的,无论采用何种方式,关键的一点是教师要从幼儿学习的特点和需要出发,从每一次活动的内容和需要出发,寻求最适宜的座位安排方式,以有效地促进幼儿的互动交流和活动的有序开展。

(江苏省太仓市城厢镇幼教中心 谢玉兰)

25. 邂逅"情境"

幼儿的学习是以直接经验为基础,在游戏和日常生活中进行的。让幼儿在生动、具体、有趣的情境中学习是一种值得推崇的理念和教学方式,也是教师组织教学常用的一种策略。它不但符合幼儿具体形象的思维特点,也有利于教师创设良好的教学氛围,激发幼儿的好奇心和求知欲。那么,是否幼儿园所有的教学活动都需要创设情境呢?怎样的教学情境才能有效地促进幼儿的学习呢?

案例呈现

中三班在开展数学活动"有规律地排列"时,为了激发幼儿参与活动的兴趣,教师布置了森林背景,创设了"森林里开舞会"的教学情境,以邀请小朋友去参

加舞会为由,引导幼儿用红色和黄色的亮片有规律地粘贴制作漂亮的头饰。

幼儿在教师创设的情境中开始活动。首先,教师出示贴有部分亮片的彩带,旨在引导幼儿发现其中的排列规律。但是幼儿都被闪闪发光的亮片吸引,纷纷发出"好漂亮"、"一闪一闪的真好看"等感叹。见活动偏离了原先设计的轨道,教师只得耐心地提醒幼儿:"不要只看亮片漂亮,我们要来看它们是怎么排队的。"听到老师这样说,幼儿才被"拉"回到教学活动的正题上来。

在发现亮片的排列规律之后,教师请个别幼儿上来操作,学习"按规律往下排"。当轮到一个女孩时,她拿起亮片就快速地贴起来,贴得没有任何规律。教师连忙问其他幼儿:"她这样贴对吗?"坐在下面的幼儿有的说对,有的说不对,这名女孩马上反驳道:"老师,我觉得这样贴很漂亮,参加舞会就要漂亮啊。"

最后,教师只得请每个幼儿根据自己的想法设计排列规律并贴完一整条彩带,然后将彩带首尾相接变成头饰。有的幼儿很认真地在想办法,有的幼儿则根据教师之前排列的规律来贴,还有的幼儿依然是没有规律地贴。当一些动作快的幼儿将漂亮的头饰戴在头上炫耀时,很多幼儿都耐不住了,为了早点做完头饰参加"舞会",就随意一贴,然后加入到"show"("秀")的队伍中去了。

本案例中,活动的目标是引导幼儿在观察发现颜色排列规律的基础上,学习自主排列。为了激发幼儿参与活动的兴趣,教师创设了"森林里开舞会"的情境。教师的出发点是好的,但她没有考虑创设的情境是否有效、是否有利于幼儿学习等问题,反而干扰了幼儿的学习。

在幼儿园的日常教学中,情境的创设比较普遍,但并不是所有活动都需要情境创设。教师只有根据不同活动内容的需要、不同年龄段幼儿的特点,科学合理地设计、利用情境,才能达到有效地支持幼儿学习、促进幼儿发展的目的。

(1)**情境创设要力求简单实用,凸显情境教学的有效性**。上述活动中,教师创设的情境是"森林舞会",运用的操作材料是彩带和亮片,教师花费了很多时间布置"森林"背景、剪圆形的亮片,而实际活动的效果却并不令人满意。在活动一开始这些亮片就让幼儿兴奋起来,不能静下心来发现亮片排列的规律。究其原因,就是教师创设的活动情境脱离了活动目标。本次活动的目标是"学习按规律排列"，而活动情境"参加森林舞会"强调的是头饰的"漂亮"，但"漂亮"不一定要按规律排列，因此，在活动开始和活动过程中发生了幼儿不按照教师的要求操作的情况。因此，情境要想凸显有效性，就要围绕教学活动的目标和重难点来创设。其实，"按规律排列"所需的最佳的情境就是"排队"，排队既贴近幼儿的生活，又能够衍生出很多教学细节，如动物排队、颜色排队、形状排队等，这样的情境简单、实用、有效。

（2）**情境创设要为教学活动服务，不能本末倒置**。众所周知，情境创设主要是为完成教学任务服务的，它是一种辅助性的教学策略。但是上例数学活动，过分夸大了情境的作用，而忽视了活动的主要目标——"学习按规律排列"，这样一来，情境成为了活动的主宰，而真正的学习目标却沦为配角，幼儿的学习效果大打折扣，幼儿始终都没有将"参加舞会"与"按规律排列"联系起来。其实，活动的重点应该是引导幼儿学习怎样来有规律地排列，而不是怎样去参加舞会。

（3）**创设情境要突破活动重难点，增加学习深度**。上述数学活动大致的流程是：发现排列规律——按规律继续往下排——自主设计排列规律完成操作任务，这样的环节安排还是比较合理的，但由于教师创设了不恰当的情境，不但没有很好地化解重难点，在最后的自主操作中，因为材料的局限性，也没能使活动更深入。教师不妨创设一个"形状排队"的情境，可以在最后一个环节中投放不同的形状，可以是两种，也可以是三种，甚至是四种，还可以有颜色、大小的区别，这样一来幼儿在简单的情境中就有了更多自主发挥的空间，活动的趣味性和挑战性更强了，他们对于"按规律排列"的学习也会更直接、更深入。

情境创设的内涵很深远，它决定了教师的教学方式、幼儿的思维模式和教学活动的实际效果。所以，教师在选择情境、创设情境、运用情境时应该慎重，考虑教学活动和幼儿学习的实际需要，运用、体现情境的适宜性和有效性。

（江苏省太仓市浏河镇幼教中心　梅燕芳）

26. 操作材料，简单实用就好

《3—6岁儿童学习与发展指南》明确指出，"幼儿的学习是以直接经验为基础的"，教育要"最大限度地支持和满足幼儿通过直接感知、实际操作和亲身体验获取经验的需要"。因此，在日常教学活动中，教师经常会运用一些直观形象的教学材料和操作材料来帮助幼儿学习，使他们在与材料的直接互动中自主学习，建构新的知识经验。

然而，在为幼儿提供操作材料时，经常会出现教师做得很多、很累，幼儿却用之无效的情况。下面我们就借助中班的数学教学活动"学习有规律地排列"案例，来简单分析其中的原因。

案例呈现

中一班李老师开展的活动

在中一班，李老师创设了装饰相框的情境，引导幼儿发现图案的排列规律，并创造新的排列规律。李老师为每个幼儿提供的材料是：一个相框、一支固体胶棒以及两种颜色的图形纸片40片——红色、黄色三角形各20片。在观察、发现相框上的图案排列规律后，李老师请幼儿按照一定的规律将两种颜色的图形有序排列粘贴，装饰相框。

操作活动开始，甜甜便以ABAB的规律（即一个红三角、一个黄三角相间隔）在相框上进行排列、粘贴，粘贴了相框的一条边后，她发现身边的小豪是以ABBABB规律排列的。"你这样贴真好看，我也要这样贴。"甜甜说着便去剥已经贴好的黄色三角形，可连着剥了两个，都撕坏了，因为纸片已经与相框黏住。甜甜于是放弃了调整的想法，继续按照原来的AB规律装饰相框。

在交流、讲评中，幼儿所呈现的排序规律主要有：ABAB、ABBABB、ABABBABABB。其中，有一名幼儿除了让三角形颜色两两间隔外，还将三角形的一个尖角朝上，另一个尖角朝下交替摆放（△▽△▽）。交流结束后，许多幼儿都想再进行装饰，尝试不同的排列规律，但由于操作材料已经用完，教师只能说："我们的图形用完了，等老师准备好以后，我们再来装饰。"

中二班陆老师开展的活动

同样是这个活动内容，中二班的陆老师为每个幼儿提供的材料是：形状相同但颜色不同（或颜色相同但形状不同）的两种插接积木和一块贴有即时贴的长方形操作板（幼儿可以将塑料积木直接贴上去）。活动的流程和要求与中一班的类似，陆老师请幼儿按照一定的规律将两种塑料积木排序。听清要求后，幼儿纷纷开始了操作。有的幼儿以ABAB的规律间隔排列，有的幼儿以ABBABB的规律排列。

在交流中，陆老师请幼儿结合操作板作介绍，这样既利于讲的幼儿说清楚，也便于听的幼儿看清楚、听明白。随后，陆老师鼓励大家尝试用另一种规律来进行排序。很快地，幼儿将积木从操作板上取下，开始了第二轮的操作。在这个基础上，陆老师提出新的要求："请大家只用一种颜色的长方形塑料积木来进行有规律的排序。"这时，有的幼儿皱起了眉头，嘴里嘟囔着："这怎么排呀，都一样的。"可不一会儿，大家在老师的鼓励、引导下又开始了尝试。只见茜茜竖着放下第一块积木，再竖着放第二块、第三块积木，然后若有所思地停下了手上的动作，片刻后，她将第二块积木取了下来，又横过来放了上去，然后又取了第四块积木横着放了上去，接着便以一个竖着放、一个横着放的规律排列积木。一边尚未动手的丹丹看到了，也学着茜茜的样子摆了起来，茜茜发现后，略有些生气地对丹丹说："你学我的，你不动脑筋。"被她这么一说，丹丹嘴巴一撅停了下来，将第一块积木拿了起来，然后在操作板上比画了几下，最后以45℃角斜斜地放置在了操作板上，紧接着又将第三块、第五块积木拿了起来，斜放在操作板上，她得意地对茜茜说："你看，我的和你不一样了。"

纵观以上两个班的教学活动，两位教师围绕相同的目标"发现事物简单的排列规律，并尝试创造新的排列规律"，为幼儿提供了不同的材料。很明显，两个活动中的操作材料对幼儿的学习与发展的作用是完全不同的，那么，我们可以从中得到什么启示呢？

我们先来分析一下两个活动中的材料运用对幼儿学习与发展的不同影响。在中一班，李老师创设了装饰相框的活动情境，有效地激发了幼儿参与活动的兴趣，而不同颜色的图形纸片既能帮助幼儿在操作中表现规律，又能满足他们创造新的排列规律的需要，有利于目标的达成。但是，制作、准备这些材料不仅花费了李老师很多时间，而且这些材料一旦固定就不能调整、更改，缺乏灵活性，不可重复使用。中二班的陆老师提供的塑料积木和贴有即时贴的操作板，则既省时又灵活。塑料积木几乎每个班都有，陆老师基本上没有花费多少时间准备这些材料，但同样满足了幼儿有规律地排序和创造新规律排序的活动需要。同时，贴有即时贴的操作板便于幼儿取放，幼儿可以根据自己的想法和需要，随时调整积木摆放的顺序，改变规律，并且材料可以反复使用，便于幼儿进行第二轮、第三轮的探索。陆老师组织的活动中，由用两种积木排列过渡到用一种积木排列，活动的难度不断增加，启发幼儿积极思考通过改变积木摆放的方向和空间方位，创造新的排列规律。小小的插塑积木尽显开放性、灵活性和简便性特点，在促进幼儿思维和探索能力发展上起到了积极作用。

具有开放性和灵活性特点的材料，符合幼儿"边操作边思考"的思维特点，使他们有调整的机会，不仅有利于幼儿良好探索和学习习惯的养成，也有利于他们获得成功的体验，进而激发他们不断尝试和探究的兴趣。具有开放性和灵活性特点的材料，还有助于幼儿之间的相互学习。比如中一班的甜甜，看到小豪的排列规律后也想尝试，但因材料的不可调整性，致使同伴之间的这种相互模仿学习行为终止了。相反，在中二班，因为材料具有灵活性，幼儿拥有很多调整的机会，更有利于他们的创新。比如当苒苒质疑丹丹"你学我的，你不动脑筋"时，丹丹灵活地调整了自己摆放积木的角度，创造了新的规律，在同伴面前挽回了面子，增强了自信。

综上所述，教师可以对中一班的操作材料进行适当的调整，使其可以重复使用，凸显开放性和灵活性，使幼儿对按照规律排列能有更深入的探索。比如，可以提供花片积木、塑料吸管、各种纽扣、豆类等生活中常见的、随手可得的材料，利用其颜色、形状等特征，引导幼儿进行有规律排序，装饰相框（在边框上粘上即时贴）。用这些材料装饰相框不仅美观，而且可以反复使用，有利于幼儿创造出更丰富的排列规律来。中二班提供的材料对幼儿来说具有挑战性——从一开始的按颜色特征来寻找规律排列，到变换不同角度来呈现规律。当然，在此基础上还有进一步探索的空间，可以引导幼儿在变换摆放状态的情况下，创造新的排列规律，比如以不同的疏密来体现排列的规律。

由此可见，在教学、游戏活动中，操作材料的提供是非常重要的，它们直接影响着幼儿学习、体验的深度和广度，影响着幼儿学习与发展的质量和速度。因此，为幼儿准备的操作材料一定要具有可操作性和挑战性，使他们在与材料的互动中丰富知识、拓展经验，逐渐形成敢于挑战、迎难而上的学习品质；一定要接近幼儿的生活，简单、实用，便于幼儿自主选用，做进一步探究；要尽量选择可以重复使用的材料，这样既减少了教师的工作量，也增强了材料使用的灵活性，便于幼儿调整和改进。

（江苏省太仓市艺术幼教中心　丁瑜）

27. 用好教学"道具"

看过魔术表演的人，都会为其玄妙的效果所吸引。魔术师娴熟的表演手法、精心设计的道具，是魔术成功的关键。几乎每个魔术都离不开道具，道具不仅要设计得好，而且要用得好；舞台下千万次的练习，才能成就舞台上的精彩呈现。其实，教学活动便如展现在幼儿面前的小小魔术，要能成功吸引幼儿的目光，唤起他们加入其中的兴趣。诸如教具之类的活动细节，只有打磨精致，才能借由活动设计这根绳索，把整个活动串成一条闪闪发亮的珠链。

 案例呈现

在中班的一次科学活动课上，教师想带着孩子们一起探索放倒的小圆罐停在斜坡上（而不会滚下去）的秘密——将小圆罐放倒后，在罐壁内的某一中间部位

固定一颗小铁珠,小圆罐就能在斜坡上保持平衡。活动前,教师在教具的设计上花了很多心思。为了让孩子能够有机会观察和比较,教师提供了两个相同大小的透明圆罐。为了引起孩子探究的兴趣,让活动更富趣味,教师在圆罐的两头贴上小鸡图案,一个圆罐贴蓝色小鸡,另一个圆罐贴黄色小鸡,其中"蓝色小鸡"的圆罐内固定了一颗铁珠,而"黄色小鸡"的圆罐内什么都没有。为了防止孩子通过透明瓶身观察到圆罐内部,教师又在透明的圆罐四周,贴上了一层黑色的即时贴。

在制作完道具后,教师胸有成竹地开展了活动。简单的导入后,孩子的兴趣被调动起来了。教师开始了演示,让孩子比较蓝色圆罐和黄色圆罐在山坡上不同的状态。贴有蓝色小鸡的圆罐稳稳地停在了斜坡上,轮到黄色圆罐了,教师轻轻地把它放在斜坡上,等待着它的滚落。这时,尴尬的场景发生了,黄色圆罐居然也稳稳地停在山坡上(黄色圆罐里边没有固定铁珠,正常情况下应该会从斜坡上滚下去)。教师紧张地瞪大了眼睛,一时疑惑不解,不知所措。

孩子们开心地叫了起来:"老师,小黄也能站在山坡上!"

教师急忙拿起黄色圆罐重新尝试,结果依旧。

孩子们开心地说着自己的发现:"老师,小黄和小蓝都能站在山坡上。"因为这个"都能"的演示结果,活动的下一个环节无法继续了。

慌慌张张中,教师拿起黄色罐子检查,发现原来是包在罐身外侧的即时贴不够平整,导致黄色罐子站在山坡上。孩子们高兴地拍着手,教师却仿佛泄了气的皮球,不知道活动该如何进行下去。

当自己精心设计的活动变成一场失败的演出,任何一位教师都会有强烈的挫败感。究竟是什么影响了教学的推进呢?分析案例,不难发现,该教师能结合活动的需要去设计和制作教具,但是没有在活动前进行必要的尝试和检验,才导致活动中出现意外状况。

教学无小事,任何细节都不能马虎。案例中呈现的便是因"教具"使用中的小小疏漏而影响整个活动顺利开展的问题。教学活动前,教师往往花大力气去调整活动设计,而忽视了对教具的必要检查和实际操作。教具是一种非常重要的教学资源，能够起到唤起幼儿兴趣、解决活动重难点、进行演示说明等作用。因此，教师应结合教学需要，尽可能地挖掘和利用教具的价值。当然，除了巧妙设计教具外，恰当、熟练地使用、操作教具，也是推动活动顺利开展不可忽视的细节。

该怎么做呢？教师不妨试试以下四点：

（1）**做好加减法**。活动中使用的教具，并不是越多越好，过犹不及，合理是关键。每一个教具的出现，都要和孩子相联系。教师要结合幼儿的学习特点和能力，分析教具的价值。教师可以问问自己："这个教具我想用来做什么？如果不用，会对幼儿的学习有什么影响？"需要幼儿仔细观察的图片、图谱不能少，需要幼儿操作体验的材料不能少，教师不能因为怕麻烦，就减少幼儿动手操作和观察的机会。而有的表演头饰、指偶，则可以简化，不必过分精美，以免分散幼儿的注意力。教具的使用要适宜、有效。

（2）**适时出示教具**。同样的教具，出示的时机不一样，效果也不一样。教具对幼儿来说是一种刺激，这种刺激只有适时地出现，才能帮助幼儿更好地学习；如果时机不对，反而会影响活动的效果。比如，在一些音乐欣赏活动中，教师过早出示图片、视频等，会影响幼儿对音乐作品本身的感受；在幼儿第一遍倾听故事时，过多的教具演示会分散幼儿的注意力。所以，出示教具一定要把握好时机。一般来说，当幼儿的注意力涣散时，出示教具能吸引幼儿的注意，激发幼儿的学习兴趣；当幼儿在学习中遇到疑难问题时，出示和演示教具可以化解难点，帮助幼儿感知和理解；当幼儿积累了充分的感性经验时，可以利用教具帮助幼儿进一步梳理经验，形成理性认知和一些基本概念。

（3）**检查和试用教具**。在使用前，教师需要对教具检查和试用。教师自己要先练习操作一遍，及早发现教具使用中存在的问题，这样在教学时就能做到心中有数、从容熟练，不致手忙脚乱。特别是像科学活动中用来做实验的教具和材料，教师必须要提前试用，观察其使用效果。如果要在黑板上呈现图片，教师别只想着图片是否准备好了，还要考虑一下用来固定图片的磁铁或者钉子够不够多。当教具数量比较多时，教师还可以给教具编上号码，以便有序使用。

（4）**做好整理收集**。教具是一种可以反复利用的资源，比如对于有的图片、图谱，教师可以设计成粘贴剥离的方式，这样大的背景图就可以多次使用了；有的教具，则可以成为孩子游戏中的道具。因此，教师要整理收集好教具，让教具发挥最大的作用。

教具是教师智慧的体现，是幼儿学习的帮手。在集体教学活动前，教师只有准备好教具，才能更加淡定和从容，才能更好地关注幼儿在活动中的表现。一幅图片、一段音乐、一个布偶，甚至是一枚钉子、一张纸片，教师都要精心考虑，让教学活动的每个细节都精致起来。教学活动的每一分钟都是宝贵的，不要因准备仓促和不到位而乱了自己的阵脚。

（江苏省太仓市艺术幼教中心　吴颖颖）

28. 一米到底有多长

教师组织幼儿进行学习活动的形式有很多，集体学习活动便是其中之一。集体学习活动时，幼儿在教师精心预设的学习环境、教学环节中学习，获得有益的学习经验，提升自身的学习能力。幼儿的思维以具体形象为主，需要教师运用大量的图片、材料帮助他们理解、建构相关经验。为保证幼儿所建构的经验是科学的、有益的，教师需要以严谨的专业态度面对教学，充分考虑教学细节。如果考虑不充分，往往会造成幼儿在认知上的误区。

案例呈现

在组织大班幼儿开展科学活动"袋鼠的秘密"时，教师精心设计活动，制作了视频、课件，引导幼儿从他们关注的问题入手，认识袋鼠，发现袋鼠在外形特征、生活习性等方面的秘密。

教学活动有条不紊地进行着，教师生动的语言、制作精美的课件深深地吸引了幼儿。活动进行到讨论"袋鼠的跳跃本领"环节时，教师提出问题："袋鼠到底能跳多高、跳多远？可以跳多少米？""30米"、"50米"、"100米"……各种各样夸张的答案从幼儿的嘴巴里蹦出来。显然，这些答案是不符合科学推理的，这和幼儿的经验缺乏有关，他们并不清楚1米到底有多长。教师显然已经预想到这一问题，于是借用课件向幼儿"形象"地解释袋鼠能跳多远。首先，教师以自己的身高作为观察对象帮助幼儿想象袋鼠跳跃的高度，让幼儿理解2米的高度。当解释袋鼠跳得有多远的时候，教师问："1米到底有多长呢？"教师操作课件，出现了一条大约10厘米长的线段。教师继续讲解："袋鼠最远可以跳7米远。7米是几个1米呢？"幼儿异口同声地回答："7个1米。"教师随即点出6条小线段，向幼儿说明："袋鼠原来可以跳这么远。"幼儿有些茫然了："1米到底有多长呢？袋鼠到底能跳多远呢？"可惜的是，教师并没有发现幼儿的困惑……

《3—6岁儿童学习与发展指南》提出，教师要理解幼儿的学习方式与特点。幼儿思维具有形象化的特点，这已是大家的共识，因此教师都非常注意将知识具象化，比如利用图片、视频等手段将抽象的知识具体显性化。图片、视频等已成为教师开展教学的常用手段。案例中的教师也非常明确这一点，用了课件、视频等可视性教具帮助幼儿认识袋鼠，并取得一定的成效。但该教师忽视了幼儿学习的另一个重要方式——直接感知。幼儿的学习是以直接经验为基础的，教师应尽量创设真实的情境引导幼儿运用多种感官去感知与发现，去亲历探索过程，以获得真实的经验。在案例中，教师为让幼儿理解袋鼠跳跃的距离，花了一番心思做了精致的课件，但这样的方式并没有起到作用，反而让幼儿对"米"的概念更为混乱。幼儿对"1米"的距离没有直观感受，形成的经验是符号式的、经过教师处理过的间接信息。对于幼儿来说，对"米"的概念停留在10厘米长短的线段上，这使幼儿形成了错误经验。

其实，这样的问题在日常教学中屡见不鲜。教师预设活动时，在关注大环节的层次性、递进性的同时，由于要考虑的东西非常多，很容易忽略某些教学细节。"细节决定成败。"教学活动需要教师周密、严谨地预设环境、问题、材料等元素，以引发幼儿思考，引导幼儿感知操作、建构经验。但有时，一个疏忽就可能导致整个教学的失败。细节不单体现教师教学设计的缜密性，更能体现教师的教学理念正确与否，体现教师运用的教学手段、投放的材料是否能支持幼儿有效地学习。案例中的教师如果能够考虑到幼儿的学习特点，就应该呈现出真实的1米距离，并和幼儿一起感知 7 米到底有多长，这样可以让幼儿对袋鼠的跳跃本领有真实的感受。

"理解幼儿学习的方式与特点"不能是一句空话、套话，它时刻提醒教师要站在幼儿的角度思考，在理解、尊重幼儿的学习特点的基础上开展教学活动、思考教学细节。

（江苏省太仓市实验幼教中心 张颖黎）

29. 肢体语言的魅力

人类学家研究发现：一个人要向外界传达完整的信息，单纯的语言成分只占 7%，声调占 38%，另外 55% 的信息则要由非语言的体态来传达。比如在表达同意或明白时，我们会点头；感到愤怒时，会挥动拳头；表示鼓励、恭喜或安慰时，会轻拍他人肩背；表示赞成或高兴时，会鼓掌等。肢体语言传递着我们内心的想法与感受，直观而真实地表达着我们的情绪体验。一位著名的教育家曾说过："一束赞许的目光、一个会心的微笑、一次赞许的点头，都可以传递真诚的鼓舞，都能表达对孩子的夸奖。"针对以直观形象思维为主的幼儿，教师恰当地运用肢体语言，可以让幼儿更容易地接收到教师的教学信号，从而更好地投入学习活动，使自身获得最大限度的发展。

案例1：针对活动中开小差的孩子

"秋风起了，天气凉了，一片片树叶从树枝上飘落下来。树叶落在地上，小虫子看见了，顶在头上，把树叶当作房子；树叶落在树下，小蚂蚁看见了，躲在脚下，把树叶当作摇篮……"刘老师在投入地和孩子们一起欣赏诗歌《落叶》的时候，眼角余光看到佳佳从自己的裙子上剥下一颗亮晶晶的东西递给子瑜，子瑜没接住，不小心掉了，于是两个人开始低头在地上搜寻起来。其他孩子听得正入神，如果这时候停下来，诗歌优美的意境肯定会被破坏，于是，刘老师悄悄地走到她们的身边，用手轻轻地摸了摸她俩的小脑袋，并指了指子瑜的口袋，子瑜马上明白了老师的意思，将找回的东西塞进了口袋，然后两个小家伙认真地倾听起来，再也没有走神。

案例2：针对胆怯的孩子

洋洋平时喜欢看书，小脑袋里装的知识可丰富了，他尤其喜欢恐龙，知道很多相关的知识，但他特别胆小，虽然已经是中班的孩子了，课上从来不敢举手发言，非常不自信。这天，班里的肖老师和孩子们一起聊关于动物的话题，当谈到恐龙时，洋洋的眼睛都亮了，可是他激动的心情还是被怯懦的性格压制着，小手始终举不起来。于是，肖老师扬起嘴角并将期待的目光投向洋洋，暗示他来说一说。在老师的鼓励目光的包围下，洋洋终于鼓起勇气站起来说："这是剑龙，这是梁龙，这是霸王龙。霸王龙可厉害了，它会吃其他恐龙……"虽然他说话的声音很轻，但是大家都能听清楚。肖老师专注地看着洋洋，不时地点头表示赞许和肯定，洋洋似乎接收到了老师的肢体信号，说话的声音慢慢大了起来，还时不时地模仿恐龙的样子。

案例3：针对活动难点

在一次"我和星星打电话"的音乐教学活动中，因为歌词较长，虽然配合着图片，但是孩子们记忆个别歌词还是有一定的困难。因此，在看图学唱的过程中，刘老师针对每一张图片都进行了配套动作的跟进，比如唱到"星星星星满天撒"的时候，刘老师会先指着图片，然后慢慢地将手打开，帮助幼儿更形象直观地理解"撒"字。通过2~3次这样的尝试，孩子们能比较轻松地记忆歌词了，他们学唱歌曲的兴趣也更加浓厚。

以上三个案例，教师在教学过程中常常会遇到。案例1中，如果教师采取暂停教学、用语言提示幼儿专心听讲的方式，那么教学效果就完全不同了，这相当于在集体面前强调两个幼儿的行为，不但会激发其他幼儿的好奇心，还会破坏整个课堂教学的氛围。而采取"摸摸小脑袋"的肢体语言提示，既可以让幼儿马上意识到自己行为的不当之处，又可以延续课堂和谐的氛围。案例2中，胆小的洋洋始终不敢举手，但是在面对自己特别感兴趣的话题时，洋洋有很多想说的话，只是缺少表达、表现的勇气，此时教师"充满鼓励的目光的投射"和"不时的点头示意"无疑给了洋洋很大的鼓舞。案例3中，幼儿学唱新歌曲时，总免不了要记忆歌词。除了使用图片、课件等教具配合外，教师形象生动的肢体语言能较好地激发孩子的学习兴趣，使学习过程变得更富趣味。

教师的肢体语言中所包含的内容是非常丰富的，包括动作、手势、眼神、表情、讲话语气等，它有着暗示与提醒的作用，举手投足看似随意但十分奏效。肢体语言也是增进师幼情感的法宝，一次握手、一个拥抱、一些爱抚、一束目光、一个微笑都能让幼儿感受到老师的关怀与肯定。此外，教师在课堂上如果能够形象并恰当地运用肢体语言，能使教学活动更为生动活泼，更具表现力和感染力。

陶行知先生曾说过："演讲如能使聋子看得懂，则演讲之技精矣。"面对活泼好动的幼儿，我们的课堂教学不能仅仅重视有声语言的作用，而忽略肢体语言的重要性。肢体语言已然成为一股无形的教育力量，真正展现了"此时无声胜有声"的魅力。

（江苏省太仓市实验幼教中心　肖芳）

30. 智慧应答，让教学更有效

幼儿园的集体教学活动时间，也是教师与幼儿智慧交流的时间，在这个师幼双向互动的时刻，我们经常能够感受到幼儿旺盛的学习欲望和教师灵动的教学智慧。那么，教师应如何运用正确的教育理念，在互动过程中给予幼儿积极有效的回应，使应答充满智慧、凸显引导价值，真正支持幼儿的学习和发展呢？让我们一起来分享精彩的教学互动片段，从中细细品味、揣摩。

在中班科学活动"越变越长"的展示现场，A教师首先分配好集中学习和分

组操作的活动场地，又为每个小组摆放好剪刀、固体胶、胶带、绳子、纸条等工具材料，并用布遮盖好材料。随后，带领孩子进入活动室开始集体教学活动。当活动顺利进行到小组活动——"帮助小蚂蚁取出瓶中的珠子"时，教师提问："怎样才能拿到瓶子里的珠子呢？"对于这一问题，一些孩子犯难了："用手够不着，瓶子又不能倒过来，怎么办呢？"他们习惯性地看向了老师。"有的小朋友可能有很好的想法，我们一起来听一听。"A教师笑眯眯地把目光投向了几个欲言又止的孩子。东东想了想说："我用筷子把它夹出来！"A教师笑着说："这是一个办法，如果我现在有筷子的话可以尝试一下这个办法。"丁丁说："我们班级有透明胶，我想用它把珠子粘上来。"A教师肯定地说："当遇到问题时，最快的方法就是利用身边的工具。"说着，A教师打开了小组工具材料筐上遮盖的布，让材料一目了然。在孩子们的欢呼声中，活动进入了小组探究、动手尝试的环节。

孩子们忙碌着，A教师也没有闲着，当看到个别孩子有了畏难情绪时，她会适时地走过去轻声说："我是你的朋友，我会帮助你的。"当看到有的孩子正尝试用新的操作材料时，她会来一句："你敢于尝试新的东西，真不错，我喜欢你！"或者"我特别喜欢你用了别人都没有用到的材料做实验。"当孩子遇到困难准备换别的材料时，她会鼓励道："有时候，解决问题是需要耐心的！"当看到两个孩子一起尝试时，她会开心地大呼："和朋友一起做，真的是很好的合作方法！"……

在短短的一次集体活动中，教师与幼儿间的互动交流简单而又明了，看上去是如此的随意，细细品味却充满了教育者的教学智慧。

（1）**营造关爱的氛围，尊重幼儿的想法**。由优秀教师组织的幼儿园科学教学活动，往往充满着智慧和灵动。教师看似轻描淡写、简简单单的一句话，或启发引导，或肯定鼓励，在关键时刻让幼儿在情感上获得支持，在人格上得到尊重，进而体验到探究的快乐。比如上面的活动中，教师的"我是你的朋友，我会帮助你的"，让幼儿感受到平等的关爱，感到老师和自己是朋友，朋友在有困难时就要互相帮助。在这短短的一句话中，教师传达给幼儿的是朋友间浓浓的关爱之情。而当一些幼儿面对问题犯了难，习惯性地看向教师时，教师则笑眯眯地把目光投向几个欲言又止的孩子，对大家说："有的小朋友可能有很好的想法，我们一起来听一听。"这体现了对幼儿想法的尊重。在这种宽松愉快的氛围中,教师的关爱、尊重和同伴的友爱、理解将成为幼儿学习、探究的动力源泉。

(2)*关注幼儿的需求,搭好前进的阶梯*。个性和能力不同的幼儿有着不同的发展需求,在集体教学活动中,教师只有及时地分析、理解幼儿的学习需求,通过自己的言行影响、支持、帮助幼儿,才能更好地为幼儿搭好前进的阶梯。在本案例中,当幼儿遇到困难退缩时,教师鼓励道:"有时候,解决问题是需要耐心的。"当幼儿尝试新材料时,教师送上一句:"你敢于尝试新的东西,真不错,我喜欢你!"当幼儿遇到团队合作难题时,教师适时地称赞一句:"和朋友一起做,真的是很好的合作方法。"这些简单明了的话语能够有效地支持、鼓励幼儿积极探索、迎难而上,成为促进幼儿前进的动力。

(3)*具备灵活应变的能力,推动幼儿的发展*。随着集体活动环节的推进,教师不可避免地会遇到很多活动前未曾计划好或预想到的情况,尤其是在科学活动中,幼儿个体间的认知能力和思维发展存在着很大的差异,教师会在活动中遇到更多的突发情况。比如在本案例中,教师要求幼儿思考"怎样才能拿到瓶子里的珠子"时,幼儿的猜想天马行空,有的幼儿说用筷子夹出来,有的幼儿说用透明胶粘上来,甚至还有幼儿说请魔术师变出来,等等。这时,教师及时抓住科学教育实事求是、理性思维的重要特性,用一句简短的提示——"当遇到问题时,最快的方法就是利用身边的工具",帮助幼儿回到了科学的实践探索中。再比如,当幼儿抢着用同一种材料不再认真思考的时候,教师灵活地用语言引领"我特别喜欢你用了别人都没有用到的材料做实验",帮助幼儿明确感知到和别人做得不一样才是最独特的成功,为幼儿的思维创新打下基础。

先进的教学理念,是可以从书本上习得的,但灵活的教学智慧则需要扎根在教学实践中才能发芽。让我们在教学实践中不断地探索,在师幼互动中寻找到更灵动智慧的教学方法。

(江苏省太仓市新区幼教中心 袁迎春)

31. 小小改变，让"冷门区"也抢手

区域活动是幼儿自发探索、自主学习的一种活动形式，也是幼儿喜欢的活动之一。不过，教师们发现，幼儿在选择活动区域时，都倾向于活动内容更具创意、更多变化的区域，如建构区、益智区、科学探索区等，而有的区域却常遭"冷遇"。

案例呈现

区域活动前，中二班的孩子们在选择、计划着自己的活动。小逸老师逐一观察每个区域的插牌卡，发现阅读区只有两个孩子的卡片。相比其他区域，阅读区似乎一直是可有可无的"冷门区"，小逸老师想过很多办法，比如定期介绍一些有意思的适合幼儿阅读的书籍；请幼儿从家里带一些好书来分享；提供一些自制图书；安排故事表演活动，等等，但孩子们总是兴趣不大。

几周后的一天，男孩诺诺来园的时候，手里高高地举着一个圆筒，大声招呼老师和同伴来看。诺诺兴奋地说："老师你看，这是我和妈妈一起做的。"小逸老师和孩子们上前一看，原来诺诺手上拿着一个竹席卷。这几天，班级正在进行"亲子废旧物品制作展览会"，孩子们经常把自己和爸爸妈妈制作的作品拿来展示。

小逸老师问诺诺："这是什么呀？"

诺诺得意地说："是一本书。"

小逸老师有些意外："用竹席做成的书？"

诺诺解释道："是的，妈妈说，很早很早以前人们看的书就是这样的。这个席子现在没用了，妈妈和我就在上面画了画。"

小逸老师连忙说："真是好主意啊，打开看看吧！"旁边的小朋友也纷纷要求："让我们看看！"

诺诺小心地打开竹席，竹席上出现了一群小蝌蚪，小西好奇地问："啊，是《小蝌蚪找妈妈》的故事吗？"小婷说："我听过这个故事！"

小逸老师笑着问:"小蝌蚪遇到了谁呢?"孩子们兴高采烈地猜着、说着。

小逸老师问诺诺:"诺诺,你愿意把你的书放在阅读区里给更多的小朋友看吗?"诺诺爽快地点点头。

当天的区域活动前,小逸老师请诺诺介绍了自己的"竹席书"并让他把书放在了阅读区。活动中,阅读区的孩子不再像以前那样三心二意地翻翻这本、看看那本,而是围着这本自制书看得津津有味。

活动结束后,小逸老师请孩子们上来介绍自己的活动,特别把时间留给了阅读区的孩子,两个孩子开心地介绍自己阅读的感受和发现。小逸老师接着问大家:"除了竹席做成的书,你还见过什么特别的书,让你觉得读起来特别有意思呢?"

孩子们的热情被这个有趣的话题点燃了,纷纷举手说:"老师,我还见过用布做的书!""我见过没有字的书。""我见过可以折叠的书。""我见过很小的书,需要用放大镜才能看。"

听着孩子们的介绍,小逸老师也想到了改善阅读区这一"冷门区"的办法。

接下来的几天,选择阅读区的孩子多了,因为大家发现阅读区时常会有一些特别的书出现。有用薯片罐做的卷轴书,有用卡纸做的折叠书,有可以玩互动游戏的翻翻书等。不仅如此,还有各种可以用来制作书籍的材料,孩子们喜欢上了看各种不同的书,也乐意自己动手制作书。

区域活动需要教师为幼儿提供充足的时间,创设丰富的环境,以满足幼儿的个性化需求,保障幼儿在不同水平上富有个性的发展。但是,教师在组织活动的过程中,常会遇到案例中小逸老师的问题:有的区域似乎不能引起幼儿参与的兴趣。这时,教师就要观察和反思所选择的游戏内容和提供的游戏材料是不是有问题以及需要做怎样的调整才能激起幼儿参与活动的兴趣,并帮助幼儿在活动中获得发展。

案例中,阅读区一开始并不被孩子喜欢,虽然教师想了很多改善的方法,比如变换阅读的内容,丰富阅读表达的形式等,但是收效甚微。在一次偶然的亲子创意制作中,幼儿带来了用竹席制作的书,激发了同伴参与阅读的兴趣。而教师也敏锐地捕捉到了幼儿的兴趣点,在区域中投放了各种不同形式的阅读材料,激发幼儿主动参与的兴趣；教师还为幼儿提供了设计和制作的空间，满足了不同幼儿的需要，让阅读区不再"寂寞"。

《幼儿园教育指导纲要（试行）》明确指出："幼儿园的空间、设施、活动材料和常规要求等应有利于引发、支持幼儿的游戏和各种探索活动，有利于引发、支持幼儿与周围环境之间积极的相互作用。"区域活动中的材料是支持幼儿学习和发展的关键要素，材料的趣味性会直接影响孩子对材料探索的关注度和持久度，因此，教师在投放材料的过程中，要设计、选择能引发幼儿探索兴趣的材料，让幼儿喜欢玩、能玩、会玩。

当然，再精美的材料，如果玩法单一，时间一长，幼儿的探索兴趣也会消失，对材料失去兴趣以后，操作就只是机械地完成任务了。因此，要吸引幼儿的探索兴趣，更重要的是要让幼儿有持续操作的空间，引发幼儿真正的学习。比如案例中教师除了更新阅读的内容之外，对图书制作的形式也进行了调整，让幼儿有了更大的选择和创意空间。除此之外，教师还可以把书中的画面内容做成骰子，让幼儿投掷，结合画面出现的不同顺序进行创意讲述；还可以用KT板制作图片碰碰响板，让幼儿翻开隐藏的图片进行讲述。

教师要明确区域活动的目标，理解和尊重幼儿的兴趣差异，不断调整和改变区域活动材料，采取不同的支持方式来维持幼儿对区域活动的兴趣。一点小小的改变，也许就能让幼儿玩得更快乐，学得更有效。

（江苏省太仓市艺术幼教中心 吴颖颖）

32. 多一点选择，多一份创造

在班级活动区中，美工区因其可操作性强、自主空间大而深受幼儿的喜爱。创设美工区的目的是为幼儿提供一个进行艺术欣赏、表现、创造的空间，使不同兴趣、能力的幼儿能够获得不同的审美体验。美工区强调幼儿在活动中能自主选择、自由决定，具有开放、自主的特性。在日常的美工区活动中，怎样才能让幼儿多一点自主的选择，多一些自由的创作与表达呢？这需要教师对美工区的材料进行有目的的投放。

案例呈现

阿圆老方小三角

丹丹老师在美工区里投放了很多圆形的小纸片，供孩子们粘贴、添画人物头像，孩子们用先贴圆形纸片再添画的方法画出了一个个可爱的小人。陌陌先在画纸上贴画了一个圆脸小人，又自己添画了一个小人。孩子们都对贴图形再添画的方法很感兴趣，可陌陌为什么只贴了一个呢？丹丹老师心里有了疑问，于是就问："陌陌，你画的是什么呀？还有一个小人怎么没贴图形呢？"

"我画的是爸爸和我。"陌陌一脸认真地指着画上的小人说："一个大，一个要小一点。"

听了陌陌的回答，丹丹老师马上意识到提供的图形材料太单一了，于是她重新剪了图形。这一次她给孩子们准备了大小不同、颜色不同、形状也不同的各种图形纸，并把图形纸分类整齐地摆放在小盒子里。

"哇！"大小、形状、颜色不同的图形纸一下子吸引了孩子们的兴趣，他们兴奋地挑拣了起来。丹丹老师和陌陌一起选了三个图形，陌陌把它们都贴在了新的画纸上，又画了起来。丹丹老师再看的时候，陌陌已经画好了三个手牵手的小人。其中，一个人的脸圆圆的，眼睛笑眯眯的；一个人的脸方方的，长着胡子和皱纹；还有一个人的脸是三角形的，下巴尖尖的。

交流的时候，丹丹老师请陌陌来介绍，还请大家给画取个名字。陌陌说："最小的那个叫小三角。"欣怡反应最快，抢着说："那方脸的老爷爷就叫老方。"丹丹老师也来凑热闹："还有一个叫阿圆行不行？"

"阿圆老方小三角"，一幅充满趣味的作品就这样新鲜出炉了！

创意无极限

幼儿园艺术节快到了，美工区成了热门区域，孩子们都想创作一幅自己的作品参加展览。这次的展示主题是"脸"，丹丹老师和孩子还有爸爸妈妈们一起收集了很多材料放置在美工区，还用分类盒分得清清楚楚。

看，这张桌子上全是立体材料：这一盒全是木头的东西，有小木块、冰棍棒、木夹子、小树枝、火柴棒等；这一盒全是种子，红豆、绿豆、黑豆、黄豆、西瓜子、南瓜子、葵花子等一应俱全；这一盒是金属，螺丝、螺帽、金属片、酒瓶盖、小链条等应有尽有，还有纽扣盒、积木盒、通心粉盒、亮片盒、贝壳盒，等等。那张桌子上还有孩子们更熟悉的平面材料，如各种画笔、纸张、废旧布料等，也是琳琅满目，材料可真丰富！

这么多材料，孩子们想怎么选择都可以。胆子小点的孩子拿起了熟悉的纸笔，先在画纸上练一练；胆子稍大些的孩子拿起了布条，开始剪剪贴贴；还有的孩子直接在底板上用立体材料摆放、粘贴起来。每个孩子都能根据自己的需要来选择喜欢的材料，几天下来，展示架上就多了不少有创意的作品：由黑豆组合的头发，金属圆片围出的眼睛，胶粒贴出的嘴巴，帅帅的模样真不错；由木块拼接出时尚的发型，回形针排列出翘翘的睫毛，绒球贴出圆圆的鼻子，再加上一个由贝壳围成的领结，一个小绅士跃然眼前；红红的纽扣一圈圈，拼出一张大嘴巴，两粒小小的纽扣却贴成了小豆眼，真是一张逗笑的脸，看得大家忍不住笑起来。

在日常的美工区活动中，教师往往根据主题的预设给幼儿提供材料，材料为完成操作目的而设，比较单一，忽视了幼儿自主选择的需要。在第一个案例中，丹丹老师一开始只提供了一种圆形的图形材料，她关注的是"贴图形再添画"这一技能要求的完成，而忽视了孩子表达的不同需求，这也是教师在日常美工区活动指导中容易出现的问题。在与陌陌的交流中，丹丹老师很快发现了自己在材料设置上的问题，于是准备了新的材料再次投放，而不同形状、大小、颜色的图形纸，完全能满足孩子对不同人物形象的表达需求，因此在第二次创作中，陌陌有了"阿圆老方小三角"的作品，这是材料给予的支持。而在第二个案例中，丹丹老师提供的是不同种类的材料，既有幼儿熟悉的纸、笔、布等平面材料，又有各种新颖的立体材料。这样能力弱一些的幼儿就可以选择熟悉的、难度比较低的绘画、剪贴方式来进行创作，能力强的幼儿则可以用粘贴的方式来进行立体创作，还有的幼儿可以选择两种方式结合来创作。这样做给不同能力的幼儿提供了充分且自由选择的空间，因此幼儿的作品也呈现出"每个都不同"的精彩。

除了案例中所呈现的，在日常的美工区活动中，教师还可以长期投放一些不同类型的绘画工具与材料，如除蜡笔外，投放水粉、水彩、粉笔、小黑板、彩纸等，这样在表现同一主题或内容时，幼儿就可以选择自己喜欢的工具材料进行自由的创造与表达了。

案例所涉美工区材料的设置不仅仅是一个准备的问题，也反映了教师的教育理念。通过学习《3—6岁儿童学习与发展指南》，我们可以知道，"感受与欣赏"、"创造与表达"是艺术领域最基本、最重要的两块内容，而幼儿艺术领域学习的关键在于教师要充分创造条件和机会，启发幼儿对美的感受和体验，丰富其想象力和创造力。自主选择、自由创造、多样化表达是幼儿艺术活动的核心价值所在。明确这样的教育理念，教师在美工区活动的开展中就可以多一些有目的的准备与支持，拓宽幼儿自主选择的空间，为幼儿增添一分表达与创造的精彩。

（江苏省太仓市科教新城幼教中心　张丹）

第五章

我的游戏我做主
——共享游戏的快乐

　　游戏的直接用处，虽只是寻求快乐，然而间接的用处则甚大，因为它可以发展儿童的身心，敏捷儿童的感觉，于儿童的生活有莫大之助益。

——中国现代著名幼儿教育家　陈鹤琴

33. 游戏计划卡的妙用

角色游戏是幼儿最喜爱的一种创造性游戏。在游戏中，他们可以按照自己的意愿、兴趣扮演角色，创造性地表现现实生活。在开展角色游戏的过程中，有的教师为了达到预设的教学目标、完成预设的活动计划，常常习惯性地帮幼儿规划好游戏的内容，以"指挥者"的身份指导幼儿游戏，在游戏中过多地融入了"教"的痕迹；而有的教师则放手让幼儿自己规划游戏，给幼儿足够的自主空间，教师只是以"引导者"的身份适时地给幼儿一些点拨，幼儿游戏的自主性和创造性得到了发挥。

案例呈现

阳光班的角色游戏

"阳光小镇新的一天又来临了，居民们，准备好了吗？"随着李老师的开场白，角色游戏开始了。孩子们争先恐后地举起了手，说："老师，我想做娃娃家的妈妈"、"老师，我做点心店老板……"经过孩子们的毛遂自荐和老师的指定，角色分配结束。

"今天是娃娃家宝贝三岁生日，我们可以做些什么呢？"李老师开始了游戏前的谈话。

娃娃家"妈妈"说："我们给娃娃过生日，请客。"

点心店"老板"说："我们可以做生日蛋糕。"

理发店"老板"说："我们上门为娃娃免费理发。"

……

在李老师预设的游戏情境中，阳光班的角色游戏按部就班地开始了。

雪花班的角色游戏

"雪花小镇新的一周来临了，大家准备好换岗计划卡了吗？"在徐老师说完

第五章 我的游戏我做主——共享游戏的快乐

后,雪花班的角色游戏开始了。徐老师看着孩子们拿出早已准备好的小卡片接着说:"请向大家介绍一下你想担任什么角色,然后结合小卡片上的自画图,说说这个星期有什么计划。记住,一个星期之内我们将不再更换岗位了哦。"

"老师,我这个星期想做娃娃家的妈妈。"欣妍大声地讲了自己的想法。

"那么你有什么计划?"徐老师问道。

欣妍拿出自己画的小卡片介绍说:"这是我的游戏计划卡。星期一,我要给娃娃家的奶奶过生日(小卡片上画了个生日蛋糕),请亲戚朋友一起到饭店吃饭;星期三,我要带宝宝去春游(小卡片上画了辆汽车);星期五,我们全家人一起去看电影(小卡片上画了电影院大门)……"

徐老师用肯定的语气说:"嗯,欣妍的想法很棒。不过,你要记得提前和饭店订餐,这样饭店才能做好准备;春游前要计划好准备哪些东西,要多拍些照片回来和我们分享哟。"

在徐老师的引导下,孩子们快乐地讲述着自己的游戏计划安排,随后将自己的游戏计划小卡片贴在游戏区墙面的大计划表上。游戏在孩子们充足的准备中开始了。

看了两个大班的角色游戏后,相信大家都会有不同的感受。阳光班的李老师在游戏计划中提前预设了以"娃娃过生日"为主线的游戏内容,在和幼儿的谈话中将这一内容传达给幼儿,幼儿按照老师的要求开展游戏,圆满地完成了教师预设的目标。但是,仔细分析,我们不难发现,本应该是愉快、自主的游戏活动,却被紧紧包围在"目标与方向"中按部就班地实施,参与的幼儿不是真正的游戏者,只是游戏的表演者,热热闹闹的游戏背后缺少了孩子的自主和游戏的本真。

再看雪花班的角色游戏,徐老师用心了解幼儿的生活经验,通过游戏前每人绘制的游戏计划小卡片,了解幼儿对不同游戏角色的认知,了解幼儿基于生活经验的游戏需求,并在交流中给予进一步的支持和游戏经验拓展。比较两个游戏案例可以发现,阳光班李老师缺少的正是雪花班徐老师那种对幼儿游戏需求的理解、对幼儿自主游戏意识的支持。而只有这种理解和支持,才能使角色游戏更加自主、深入地开展,才能使幼儿真正感受到游戏的快乐,才能体现游戏促进幼儿发展的作用。游戏计划卡还有其他的作用吗？我们来进一步分析雪花班的角色游戏，相信会有新的发现。

（1）*游戏计划卡使幼儿的角色意识更强*。游戏计划卡明确了每个幼儿在游戏中的岗位，而这个岗位不是每天轮换的，这就避免了以往游戏角色天天换、游戏内容千篇一律，看似热热闹闹却并不深入的问题。每个角色在确定前，幼儿都会在老师或同伴的帮助下制定出少则两三个，多则四五个的游戏内容，这就使游戏扮演者在扮演角色的过程中不会无所事事而最终厌倦角色。随着游戏内容的深入产生更加细致的角色分工，也使幼儿的角色意识得到了进一步的提升。比如美食店为了推广自己的新产品，在老师的帮助下明确了各工作人员的细致分工，如老板负责联系美工坊制作宣传单、店外服务员发放优惠卷、店内服务员向顾客推荐新产品等，更加细致的分工在深化游戏内容的同时，也使每个角色扮演者更加积极主动地参与到自主游戏中。

（2）*游戏计划卡使游戏内容更加丰富深入*。在雪花班每个游戏区的环境布置墙上，都贴着"游戏公约"。幼儿自己绘制的游戏计划卡是"游戏公约"的一项内容。游戏计划卡以图文并茂的形式显示了游戏扮演者们开展的游戏内容，幼儿能一目了然地知道近期本角色区开展的游戏内容，这样能力弱的幼儿可以选择同伴制定的游戏内容开展相关游戏，能力强的幼儿可以迁移经验创新游戏内容。逐步积累的游戏卡让角色游戏的内容越来越丰富，这些来自幼儿自身经验的游戏内容不但能让同伴产生共鸣，并以此促进角色游戏内容的深入持续发展，同时也能使幼儿自主参与游戏。

（3）*游戏计划卡促进幼儿自主发展*。在绘制游戏计划卡的过程中，幼儿需要收集周边的相关信息，根据自身的生活经验确定游戏内容。在这个过程中，幼儿自主开展的观察、了解、交流、讨论等都转化为他们自身的学习行为，有效地推动了幼儿各方面能力的发展。同时，通过幼儿自主绘制的游戏计划卡，教师能够比较全面、准确地了解幼儿真实的游戏需求和游戏经验，并给予及时的引导和支持，使教育真正达到促进幼儿发展的目的。

（江苏省太仓市新区幼教中心　袁迎春）

第五章　我的游戏我做主——共享游戏的快乐

34.快乐游戏从选择角色开始

游戏是幼儿的基本活动，角色游戏更是幼儿阶段特有的、重要的游戏形式。在角色游戏中，幼儿选择角色参加游戏是重要的组织环节之一，在这个过程中幼儿按照自己的意愿自主选择自己喜欢的角色，自主选择自己的玩伴。为了给幼儿自主选择角色的权利，教师经常会采用游戏插卡的方式，但是，在实际操作中总会出现这样、那样的问题。比如：早来的幼儿可以先选择自己想要扮演的角色，晚来的幼儿则没有选择的机会。看似自主的插卡区其实只能满足部分幼儿的角色扮演需要，而忽视了其他幼儿选择的权利。

早上，大一班的孩子陆陆续续来园，他们已经养成习惯，来园后都会来到角色游戏选择区插卡选择自己喜欢的角色。早早来园的小米和贝贝在插卡区前停留了一会儿，商量着自己想玩的游戏内容和角色。小米说："太好了，我第一个选，今天可以当妈妈了。"贝贝歪着脑袋想了想，把卡片插到了银行区说："今天我要为大家发钱。"紧接着来园的几个孩子把几个"热门"的游戏角色都选定了。

姗姗来迟的小萌在插卡区前驻足很久，看来是遇到问题了。徐老师走上前询问："小萌，怎么还没选好呢？"小萌低着头回应："我也想做妈妈。"徐老师试着劝慰小萌："今天就算了，在没插卡的地方选一个，你明天早点来，说不定就能当上妈妈了。"小萌虽然接纳了老师的建议，撅着小嘴选择了"超市服务员"的角色，不过还是委屈地对老师说："老师，我好久没当过妈妈了。"看得出小萌对"妈妈"角色的渴望，但"妈妈"也是其他孩子喜欢的角色，这个时候如果帮助小萌"横刀夺爱"似乎不太妥当，徐老师决定先观察孩子们游戏的情况再说。

游戏开始了，小萌在超市里待了几分钟后，开始往娃娃家跑，一会儿帮娃娃家的宝宝买水果，一会儿帮妈妈收拾房间，但娃娃家的"妈妈"对她的这份"热情"提出了抗议："你不是妈妈，不要做我的事情。"小萌只好没趣地走开了。

徐老师突然意识到，那些被认为是"捣蛋"的孩子，他们的背后可能隐藏着这样的原因：当天的游戏不是他们自主选择的，因此，在游戏时他们会不由自主地走向自己喜欢的游戏角色，做出相应的游戏行为，结果被大家误解为"捣乱"、"不遵守规则"。基于这样的分析，徐老师决定和孩子们一起商量，改变原来的角色分配规则。商量的结果是，摈弃以前的插卡规则，实行"协商制"，让孩子们在自己喜欢的游戏内容中自主协商想要扮演的角色。在开始的几天里，矛盾不断，孩子们争执得很厉害。不过，在老师的引导下，孩子们逐渐达成了一些游戏协议。比如：在大家都想扮演同一个角色的时候，可以用猜拳、轮流扮演、适当增加角色等方式和平解决；一个人连续几次扮演同一个大家都想扮演的角色后，要考虑到其他小朋友的需要；在没有选到自己喜欢的角色时，可以找同伴协商；不可以耍赖等。

小萌终于当上"妈妈"了，只见她在娃娃家里专注、投入地做着家务，尽心尽力地照顾着宝宝，脸上露出了开心的笑容。

幼儿每天最快乐的时刻是变成"大人"过家家，角色游戏也是幼儿认为的一天之中很重要的事。但是，是不是每一个幼儿在游戏中都能发自内心地感到快乐呢？教师不能因为游戏表面热闹就认定每个幼儿都是开心的。案例中的教师敏锐地发现了个别幼儿不专注于"本职工作"的原因是因为插卡规则的局限，使得自主游戏不自主，被动地接受一个自己不认同的角色，在游戏过程中产生了消极情绪，于是出现了离开游戏场地、脱离游戏情境、亲近自己喜欢的角色的现象。原本在游戏评价中被简单认定为"调皮"、"角色意识不强"、"不能坚持"的幼儿，其实他们的内心有着对角色的渴望和对游戏现状的无奈。

"给予幼儿公平的游戏权利，让幼儿真正做游戏的主人"不是一句空话，它需要教师在细心观察、了解幼儿真正的心理需求的基础上，智慧地调整引导策略，给幼儿公平选择的机会，形成自主管理、自主游戏的良好氛围。对于中、大班幼儿，教师可以引导幼儿采用案例中的"协商制"自主进行角色分配，引导幼儿在协商角色过程中主动表达自己的意愿，想办法争取自己想要的角色；出现问题和矛盾时，能接受同伴的意见和建议，愿意做出妥协和让步。小班幼儿由于自我意识较强，缺乏交往技能，所以"自主协商"对他们来说是有困难的，这时，教师要给予更多的指导和帮助，使他们认识、了解游戏角色，建立初步的角色意识，选择自己喜欢的角色开展游戏。

自主是幼儿获得游戏快乐的前提，角色游戏应该从幼儿自主选择自己喜欢的角色开始。在幼儿自主选择的过程中，可能会发生一些矛盾，但是，在教师的鼓励和引导下，幼儿能够自己解决，这个过程对幼儿的发展具有重要的意义。

（江苏省太仓市实验幼教中心　张颖黎）

35. 娃娃搬新家，小鬼来当家

角色游戏是幼儿最喜欢玩的游戏之一，在角色游戏过程中，幼儿通过扮演各种角色、摆弄各种游戏材料，获得情感上的满足和社会交往能力的提升。教师常常会花很多时间给幼儿准备各种精美的游戏材料，然而，很多时候，幼儿兴奋过后，这些精美的游戏材料就无人问津了。其实，投放的游戏材料并不在于是否精致，而在于是否能够激发幼儿游戏的主动性，推动游戏情节的深入发展。

最近，因为教师重新规划了班级的游戏场地，娃娃家面临着"搬家"的问题。"孩子们，我们的娃娃家要搬新家了，你们搬过家吗？"小何老师问道。很多孩子都摇起了头，这时浩浩举起手说："老师，我家搬过，妈妈叫了一辆大卡车，把好多东西都运到新家了。""那你的新家里面都有些什么呢？""电视机、冰箱、各种各样的灯、沙发……"浩浩一口气说了很多。"哦，你的新家一定很漂亮，那怎样让我们的娃娃家也变得漂亮些呢？"小芸说："也买个电视机吧。"洋洋说：

"娃娃要睡觉的,我们的床要漂亮一些。"浩浩说:"我妈妈说,新家的窗帘也要很漂亮。"孩子们说了很多,小何老师提议:"那我们分头行动吧。"

小芸到百宝箱找来了纸箱当电视机,洋洋和浩浩说要找些布做床单和窗帘。"看看这些可以吗?"小何老师指了指百宝箱里的废旧布料,两个小家伙点了点头说:"应该可以吧。"不一会儿,一个干净、美观、舒适的新家就被装饰好了,孩子们都很满意。

"老师,我们家搬新家请了很多客人来。"浩浩说。"哦,是吗?我们的新家弄好了,也可以请很多客人来哦。"听老师这么说,琳琳赶紧找来了一个扁扁的盒子,然后把锅放在上面,说这是电磁炉,她家里就经常用它烧饭、做菜,很快、很方便,等下客人来就能吃上她做的美味饭菜了。"琳琳,这个电磁炉真棒,那它的开关在哪里呢?"小何老师问。琳琳看了看盒子,然后指着盒子上一个白色的图案说:"这个是开关。""电磁炉要通电才能工作哦,电线在哪儿呢?"小何老师接着问。琳琳有些犯难,小何老师又指了指百宝箱,琳琳赶紧在里面仔细地翻找了一遍。"啊,有扭扭棒!"琳琳灵机一动,用透明胶将扭扭棒固定在"电磁炉"的一头。"不错的想法,那插头插在哪儿呢?"小何老师接着问。琳琳环顾四周,然后把"插头"绕在了旁边的柱子上。

在角色游戏中,幼儿的替代和表征能力是非常重要的,替代和表征能力的高低决定着游戏情节是否能够不断地得到丰富,如果教师一味地提供精美的成品游戏材料,早早地为幼儿创设好舒适的游戏环境,那么无疑是在剥夺幼儿发挥想象力、自主游戏的权利。在"娃娃搬新家"的游戏中,教师帮助幼儿回忆已有的生活经验,放手引导幼儿自己布置娃娃家,并提供各种废旧材料,鼓励幼儿自己动手制作,这样不仅增强了幼儿的想象、替代能力,而且丰富了游戏的情节,激发了幼儿的游戏兴趣,体现了幼儿的自主性。所以,教师要尽可能地为幼儿提供最丰富、最原始的游戏空间以及最生活化、最简单的游戏材料。教师还要善于做隐形人,放手把游戏的权利交给幼儿,让他们自由发挥、自主游戏,这样才能更好地激发他们的想象力和创造力,促使他们用最质朴的材料演绎最精彩的生活。

（1）*和幼儿一起创设游戏环境*。环境是重要的教育资源。角色游戏中环境的创设非常必要也非常重要，因为它具有一定的提示和暗示作用。一个良好的游戏环境能让幼儿有身临其境的感觉，它不需要豪华的"装修"，画龙点睛即能激发幼儿的游戏兴趣。比如在小舞台上放置一个立式话筒，就能让幼儿自然地站到舞台中间，随心所欲地进行表演。再如，点心店一个醒目的招牌就能让幼儿"闻"到各种点心的香味。幼儿是游戏的主人，所以，游戏环境的创设应以幼儿为主，教师切忌包办代替，要试着从幼儿的角度来思考问题，协助幼儿将想法转化为现实。任何事物只有来自幼儿的需要，才能获得他们的高度认可。

（2）*和幼儿一起搜集游戏材料*。心灵手巧的教师常常会花很多时间和精力来为幼儿设计并制作游戏材料，但是因为这些材料缺少灵活性和变化，很难长久地维持幼儿的游戏兴趣。其实，在我们的生活中就有很多游戏材料，比如一张广告纸、一个纸箱就能让幼儿设计出很多游戏内容。幼儿可以根据广告纸上的内容利用各种材料进行产品的生产与制作，也可以利用广告纸进行包装或装饰；幼儿可以对纸箱进行改造，也许能变出一台电视机，也许还能变出一个快递包裹。游戏材料只有充满灵活性和变化，才能让幼儿百玩不厌，所以教师应试着和幼儿一起尽可能多地搜集生活中的各种材料，然后进行筛选分类，把材料放到游戏材料箱里，等到游戏时就能发挥大用处了。

（3）*利用半成品和废旧材料引发幼儿的想象和创造行为*。半成品材料、废旧材料有很大的开放性，可以留给幼儿想象和创造的空间，提升幼儿以物代物、一物多用的能力。比如，一个纸筒，幼儿可以当作望远镜，可以当作记者采访或演员表演用的话筒，可以当作花瓶、笔筒、喝水的杯子，还可以经过简单的组合、加工、变形，变成不同的游戏玩具。越是低结构的材料，越能引发幼儿的想象和创造行为，生发出新的游戏内容。就像上述案例中，幼儿会把盒子当作电磁炉，会把扭扭棒当作电线。幼儿创造性地运用材料的过程，也是他们不断思考、丰富游戏情节的过程。所以，教师要给幼儿创造自主的游戏空间，积极鼓励幼儿使用半成品材料和废旧材料，及时肯定幼儿的替代行为，促进幼儿想象力和创造力的发展。

有一则著名的"鱼缸法则"，内容是这样的：养在鱼缸中的热带鱼三寸来长，不管养多长时间，始终不见其生长。然而，将这种鱼放到水池中，两个月的时间可以长到一尺长。这一法则启示我们，如果将孩子比作热带鱼，老师就是鱼缸，鱼缸有多大，鱼就能长多大。让我们试着做一个有弹性的鱼缸，让孩子在自主的空间里获得更多成长的快乐。

（江苏省太仓市实验幼教中心　肖芳）

36. 游戏规则，我们一起来制定

角色游戏，是幼儿园最主要的游戏类型，也是孩子们最喜欢的游戏之一。每到角色游戏时间，活动室里总是热闹非凡，孩子们扮演着不同的角色，俨然一个"小人国"的世界。不过，"小人国"里也有烦心事，不信你瞧。

角色活动刚开始一会儿，就见新开设不久的"田园小区"里一片吵闹声，几个孩子在小区门口争吵起来。

欢欢站在"小区"门口，用手推着铭铭，不让铭铭进去："你没有游戏牌，不是我们这里的，不准你进来。"

铭铭一脸不服气，说："我昨天造的房子还没有完工呢，建筑师不能换来换去的，我要进去搭完。"

"可是我们人已经满了，谁让你不早点去插游戏牌"，乐乐显然支持欢欢的想法，因为她是今天小区的建筑师。

"我也是建筑师，快让我进去。"铭铭还是坚持自己的想法。

张老师早已注意到这边的争吵，但是她没有马上介入，而是想看看孩子们如何自己解决问题。孩子们争执了好一会儿，互不相让，看到别的游戏区都已经开始游戏，欢欢有点着急了，终于开始让步："好吧，好吧，今天让你进来，不过你要和乐乐一起搭。"

第五章 我的游戏我做主——共享游戏的快乐

"田园小区"里的争端刚刚平息,"美美时尚屋"里又起波澜。

添添是旅行社的小导游,参观时尚屋是旅行路线上的固定项目,可是今天她刚带着一群小游客光顾时尚屋,就发现时尚屋的服务员和收银员都不见了。

于是,一群游客跟着添添到处找收银员,在活动室里跑来跑去,引得其他游戏区的孩子纷纷侧目。

原来,收银员和服务员都在特色小吃店,这里新设了自助餐服务,两个小伙伴赶着来尝鲜。两个工作人员被添添拉回"时尚屋",旅客们这才完成了购物活动。

在讲评游戏时,张老师没有对孩子们不遵守游戏规则的行为作评价,而是先引导他们对问题进行讨论,了解孩子们的想法。她问大家:"铭铭为什么没有身份牌还要进小区?两个工作人员为什么不见了?你们觉得应该怎么办?"

孩子们各抒己见,有的孩子认为,要遵守规则,铭铭和两个工作人员都没有遵守规则,会对别人造成影响;也有的孩子认为,他们不遵守规则是有原因的,不能不管原因就说不允许。

听着孩子们的讨论,张老师感觉到,原来的游戏规则已经不适合孩子的游戏需求了,她决定以问题为契机,让孩子们自己来完善游戏规则。

于是,张老师用一块KT板设置了"问题墙",在接下来的几次游戏讨论中,让幼儿将自己发现的问题、尝试解决的方法以图文并茂的方式发表在"问题墙"上,然后针对这些问题,以"规则"为主题,开展了一次讨论活动。

"铭铭还想继续上次的工作,他可以怎么办?"

"时尚屋里的服务员和收银员都想出去吃自助餐,他们可以怎么办?"

"小舞台里有两个小朋友都想做主持人,这个问题怎么解决呢?"

……

孩子们热烈地讨论开来:"没有完成的可以继续去完成。""可以让经理聘请他做临时工。""想出去吃自助餐的话,先有人来做他的工作。""还可以请经理订外卖,这样就不用出去了。""两个人可以合作做主持人。"……张老师将这些规则记录下来,并结合原来的规则加以整理,比如:经理等负责人有权聘请新员工;工作人员不能随便离开岗位,如果有事要离开的话,要请人来接替他的工作等,并用图文并茂的形式将师幼一起制定的游戏规则张贴在各个游戏区内，成为新的"游戏公约"。

《3—6岁儿童学习与发展指南》提出："要结合社会生活实际，帮助幼儿了解基本行为规则或其他游戏规则，体会规则的重要性，学习自觉遵守规则。"规则意识的培养，可以有效地促进幼儿的社会性发展。角色游戏最能反映与体现幼儿学习与发展的主动性，在角色游戏中，往往出现规则与幼儿意愿发生冲突的情况，案例中所呈现的就是这样的问题，那么如何来解决呢？

本案例中，张老师以"问题墙"的形式，将幼儿在游戏中出现的问题集中起来，再抛出问题，引发幼儿思考，让幼儿自己讨论、制定规则，并最终形成"游戏公约"自觉遵守。分析张老师的策略，主要有以下几个方面值得借鉴：

（1）**尊重幼儿内在的心理感受**。当问题发生时，张老师更关注"违反规则的幼儿"的行为原因，而不是眼中只有规则没有幼儿，也没有急于用原有的"规则"去限制幼儿的行为，在规则教育中，关注了幼儿的感受。

（2）**给幼儿自主解决问题的机会**。面对幼儿游戏过程中出现的问题，比如铭铭要进"田园小区"但其他幼儿不同意，"时尚屋"里没有了服务员和收银员等，教师并没有马上介入，而是在一旁观察，给幼儿自己解决问题的机会。事实证明，幼儿是有能力自己解决问题的，也正是在幼儿自己解决问题的过程中，逐渐形成了一些新的游戏规则。

（3）**发挥幼儿参与制定规则的主动性**。案例中，张老师让幼儿针对问题进行充分的讨论，然后在原有规则基础上进行改进。因为这些规则是幼儿在游戏中实践过的，所以幼儿不仅了解规则的含义，而且能够更好地遵守自己参与制定的规则。

（4）**及时记录，形成公约**。在讨论的过程中，张老师和幼儿一起，以图文并茂的形式记录规则内容，形成"游戏公约"，并将其张贴在游戏区的醒目位置。可视的"游戏公约"对幼儿起到了隐性提示的作用。

有人说："没有规则的自由是放任，没有自由的规则是遏制。"发生在"小人国"里的"麻烦"事虽小，考量的却是教师关于幼儿规则教育的智慧。游戏区的规则可以根据实际活动情况和幼儿的实际需要加以修订,并让幼儿参与制定,只有幼儿理解认同的、符合其发展需要的规则,才是科学、合理的规则,才能更好地推动游戏的开展,促进幼儿的发展。

(江苏市太仓市科教新城幼教中心 张丹)

37. 老游戏,新玩法

体育游戏是幼儿园开展体育活动的基本形式,它内容有趣、形式活泼多样,符合幼儿生理、心理的发展特点,易于激发幼儿参与体育锻炼的兴趣。在组织幼儿开展体育游戏时,我们通常或赋予它情节,或营造竞争氛围,使幼儿从"模仿学习"走向"探索学习",从"被动运动"走向"主动运动"。

"老狼老狼几点钟"是幼儿园的一个传统体育游戏,规则简单,不限人数,深受小朋友的喜爱,但是再好玩的游戏,玩的次数多了,如果没有什么变化的话,孩子们的快乐指数也会降低。

王老师在带领孩子们玩游戏时,经常会想办法赋予老游戏新的生命色彩,让孩子们每一次玩游戏的感受都不同。就拿这个"老狼老狼几点钟"来说吧,有时候王老师会变换提示语,将"天黑了"变成"吃午饭的时间到了"或是"吃点心的时间到了";有时候王老师会变换信号方式,将语言信号变成动作信号,用手势表示不同的时间,幼儿必须看清老师的手势采取行动;有时候会变换角色身份,让幼儿扮演小兔、乌龟、小鸟等,在游戏中表演不同的动作,很有新鲜感。而最近一次,王老师在这个传统游戏中融入了更多的元素,把"老狼老狼几点钟"变成了"灰太狼灰太狼几点钟",因为内容切合孩子们的生活,只是简单的一句话,就点燃了他们玩游戏的热情。孩子们急着给自己找角色定位,有的说:"我要做美羊羊,她很漂亮的。";有的说:"我要做喜羊羊,他特别聪明。";还有的说:"我要做沸羊羊,他的力气最大。"

游戏开始了,大家兴奋地问着:"灰太狼灰太狼几点钟",引得隔壁班玩游戏的孩子不断地投来好奇和羡慕的目光。有了灰太狼,还应该有红太狼啊!于是,孩子们又问起了"红太狼红太狼几点钟"。以前的游戏中,对被抓到的小羊的处置总让人有些纠结,是应该把他们"吃"了,还是放走呢?原有的规则是被抓到的幼儿停玩一轮,或是被抓的幼儿与老狼互换角色,这样就导致有些想扮演狼的"积极分子"故意放慢脚步,让狼抓住,使游戏失去了追逐躲闪的乐趣。而现在,只要再根据剧情增加小灰灰的角色,让小灰灰趁灰太狼、红太狼因为"抓羊太累"而睡着时,把小羊们全放走了。这样的角色设置,这样的情节设计,使一个原本比较单一的传统游戏变得愈发饱满和生动起来,孩子们身临其境,玩游戏的热情更高了。而且,可能在不久之后,这个游戏又会被改编,会给幼儿带来更多的新奇的感受。

在当前剧烈变革的时代,在各种新信息、新观念的作用下,幼儿会产生许多新的心理需求。因此,幼儿教师应该把握幼儿身心发展的规律,更加深入地了解幼儿身心发展的状况和兴趣需要,引导幼儿积极参与各项活动,从而使幼儿身心素质全面和谐发展。上述案例中,从一个老游戏的"变革"中,可以看出教师的"思变"理念,老游戏新玩法,让老游戏散发出了独特的魅力。当然,我们也在其中看到了幼儿的表现,他们参与游戏的积极性、在游戏中的情绪情感等都有很大的改变。

第一,教师的"思变"为幼儿的游戏开拓了更大的发展空间。本案例中,教师采用了改变游戏情境的方法,使老狼的角色有了更形象、更具体也更贴近幼儿生活的改变,让幼儿对于游戏中的种种场景有了自己的想象,从而使他们对游戏情境的变化从一开始的被动接受转化为主动参与,进而共同创造想象,积极改进,使游戏越玩越有趣。

第二,要想把老游戏玩出新感觉,除了变化游戏情境、改变游戏规则外,还可以在提升游戏难度、改善游戏材料等方面动脑筋。但不管是哪种改变,都需要与原本的游戏内容吻合,需要教师在研究幼儿兴趣、需要、幼儿参与游戏的体验等基础上进行充分的预设。上述案例原本就是一个关于"老狼和小动物"的情境模式,教师只不过是在这个基础上改变了对狼的称呼,却带动了整个游戏情境的深入,也激发了幼儿对游戏的兴趣,这样的改变是合理的。

最后,在改编老游戏的过程中,教师还要有促进幼儿整体性发展的意识,使体育游戏除了激发幼儿参与体育活动的兴趣、发展幼儿的基本动作外,还可以发展幼儿的观察、判断、合作等能力,通过巧妙渗透丰富幼儿的语言、社会、数学等经验。其实,很多经典游戏中都蕴含着有待挖掘的宝藏,只要教师从促进幼儿学习发展的角度出发,勇于开拓、实践,赋予老游戏新的生命色彩,就会让幼儿在游戏中获得更多的快乐,获得更多的发展。

(江苏省太仓市浏河镇幼教中心 梅燕芳)

38. 让"淘汰"变得轻松愉快

游戏是幼儿最基本的学习方式,能够促进幼儿多元化的发展,既有助于激发幼儿学习的兴趣,还有助于幼儿学习、探索、社会交往等各方面能力的培养。然而任何一种形式的游戏都需要在一定规则的干预和指导下,才能充分发挥其促进作用,因此,恰当的游戏规则是促使游戏有效开展、促进幼儿发展的前提和保障;不恰当的游戏规则则会阻碍、影响幼儿的发展,使游戏失去价值。在众多的游戏中,我们经常会用到"淘汰"这一规则,但怎样用好值得推敲。

案例呈现

草莓班的孩子们在蒋老师的组织下,玩起了音乐游戏"狼来了"。在孩子们学会演唱歌曲《狼来了》后,蒋老师和孩子们一起讨论游戏规则:"接下来我们要来玩这个游戏,这个游戏中有谁呀?""狼和小白兔。""第一次游戏我来扮演狼,你们扮演小白兔。一开始小白兔在草地上玩,狼什么时候出来呢?""狼的音乐出来的时候。""是啊,你们要仔细听音乐,看看什么时候狼会出来捉小白兔,小白兔要怎么样呢?""逃走。""逃到哪里狼捉不到?""家里(自己的椅子上)。"

音乐响起，孩子们扮演小白兔一边唱一边做着各种动作，有的蹦蹦跳跳，有的拔萝卜，有的吃草，还有的和小伙伴玩耍。待低沉的音乐响起时，蒋老师大喊一声："老狼我来啦！"随后她便去抓"小白兔"，孩子们左右躲闪纷纷逃回"家"里，最后"大灰狼"抱住了琪琪，气喘吁吁地说："小白兔们真机灵，我费了好大劲才抓到一只。"孩子们哈哈大笑，被大灰狼抓在手里的琪琪也哈哈大笑。"琪琪小兔，你被我捉住了，我可要把你带回家啦。"说着，蒋老师拍拍琪琪的肩膀示意她坐回到椅子上。

第二轮游戏开始，这一次小可扮演大灰狼，机警的他待狼的音乐响起就马上蹿出来捉小白兔，一把就抓住了轩轩，其他逃回"家"的孩子们欢呼雀跃，轩轩也乐呵呵地。"大灰狼，你可以把抓到的小白兔带回家了。"于是，轩轩被带到了圆圈外的小椅子上坐下休息，看小伙伴们进行下面的游戏。第三轮、第四轮、第五轮，轩轩从一开始看小伙伴游戏，到玩自己的衣服，再到跟边上的孩子聊天。圆圈外的孩子越来越多，都是被大灰狼捉回来的，他们和轩轩一样，自顾自地玩着。

游戏结束了，蒋老师问孩子们："这个游戏好玩吗？"圆圈里没有被捉的"小白兔们"异口同声说："好玩，太好玩了，下次还玩！"圆圈外被捉的小白兔们都不做声，蒋老师继续说："好，我们下次再玩这个游戏。""不好玩，老师下次别玩了。""我也觉得不好玩。"这时，在圈外坐了很久的轩轩、琪琪等几个孩子说道，并表现出一副生气的样子。

一次游戏活动，给不同的幼儿带来了截然不同的情绪体验：一种是愉悦的、成功的、喜欢的，渴望再次尝试；另一种是沮丧的、失败的、排斥的，不想再作任何尝试，对玩这个游戏失去了兴趣。显然，幼儿的第一种情绪反应是比较积极的，是教育者所希望看到的；而第二种情绪反应则是非常消极的，不利于幼儿的健康成长，是教育者不希望看到的。

是什么导致了幼儿在游戏中产生如此强烈、消极的情绪体验呢？首先，是"与众不同"的角色定位。从案例描述中我们可以发现，游戏中产生消极情绪的是部分幼儿。这些幼儿有一个共同点——都是被"大灰狼"捉到，不能再玩游戏，只能作为旁观者在边上看，也就是游戏的"淘汰者"。对于已经具有初步的是非判断能力的幼儿来说,做一个"被淘汰者"会让他觉得不愉快、不满意。其次,是需要得不到满足。案例中的轩轩从被捉后"乐呵呵地"到玩自己的衣服、和同伴聊天,再到最后的"不好玩",有一个情绪的变化过程。作为"被淘汰者"的轩轩,不仅不能和小伙伴一起玩游戏,体验其中的乐趣,而且长时间被同伴和教师忽视,致使其内心的参与的需要、被关注的需要、被评价的需要等得不到满足,消极情绪也就自然而然地产生了。由此可见,幼儿消极情绪的产生,归根究底是由游戏规则的不合理导致的。

那么,淘汰的形式能不能在游戏中使用呢?当然能用,它对幼儿的发展和游戏的开展有积极的意义。比如在"狼来了"这个音乐游戏中,"淘汰"这一规则的出现使游戏更刺激、更具挑战性,能够在一定程度上促使幼儿更仔细、认真地倾听音乐,并随音乐快速、灵活地做出动作和反应,能够发展幼儿动作的敏捷性、灵活性和协调性。对于被"淘汰"的幼儿来说,也是一次生动的抗挫折教育。

那么淘汰规则怎么用呢?我们需要立足幼儿的发展,把握好"淘汰"规则使用的度。需要明确的是,"规则不是为了限制幼儿,而是为了促使他们更好的发展"。因此,要发挥这一规则的促进作用,规避其可能产生的负面影响。比如在"狼来了"这一音乐游戏中,负面影响很明显,至于如何规避,教师可以对淘汰规则做一调整:被捉到的小白兔停止一轮游戏,第二轮时"复活";或是停止游戏至下一轮的小白兔被捉,之前被捉的小白兔就能够"复活"。这样既有了一些"小惩罚",给游戏增添了刺激和挑战,同时,也避免了被淘汰者脱离游戏,使他们能在停止游戏期间仍然关注音乐、关注同伴、关注游戏的进程,因为他们始终是游戏的参与者。

其实,在我们的日常教育教学中,淘汰规则使用得很普遍,比如体育游戏中的网小鱼、沙包掷人等,被网到、被掷到的幼儿就会被淘汰;又如语言游戏中的接龙,接不下去的幼儿会被淘汰等。但不管是什么形式的游戏,在使用淘汰规则时,都不能长时间地限制和剥夺幼儿游戏的机会和权利,要确保幼儿始终是游戏和学习的主体,在淘汰他们的同时,要创设使他们"复活"的机会,让游戏真正成为幼儿自己的游戏,让淘汰成为促进幼儿健康成长的愉快经历。

(江苏省太仓市艺术幼教中心 丁瑜)

39. 建构游戏新创意

在幼儿园里，建构游戏是幼儿非常喜欢玩的游戏。各种各样的建构材料、自主宽松的建构过程、富有创意的建构作品，深深地吸引着幼儿。虽然每一个孩子都是天生的建构大师，然而，固定的思维模式和建构规则还是会对幼儿的建构行为产生一定的影响。有时候，只要稍微转变一个角度，幼儿的建构天地里就会呈现出更多的创意和乐趣。

案例呈现

几天前阳阳从家里带来了一幢手工小屋，小屋为木制框架结构，上下两层，里面各式家具一应俱全，连灯具都可随按随亮。它一出现就成了孩子们的宝贝，一有空大家就围上去看，还不时地向阳阳问这问那。在班级活动室的建构区域里，搭建房屋、家具的孩子也越来越多了。为此，大三班特意开展了"房博会"主题建构活动，朱老师引导孩子们收集了各种各样的房屋图片，还组织了房屋设计活动。今天正好是建构室游戏时间，一想到可以在宽敞的建构室里用各种各样的东西搭自己喜欢的房子，孩子们不由地欢呼雀跃。

很快孩子们就各自找了空地，三三两两结伴开始了自己的搭建工程。这边，苗苗和乐乐一起用积木搭了一座小城堡，虽然简易但房屋的结构已经初步成型。那边，佳佳和几个小伙伴正在搭一座两层小楼，可能是因为所用积木的面比较窄，她们尝试了几次，二楼的墙面还是摇摇欲坠。场地中间，几个男孩子在合作搭"学校"，他们用长条状积木围成了一个个大方框，在里面整齐地排上小积木当作课桌椅⋯⋯朱老师微笑地看着，当她的视线扫过角落处的橱柜时，不由得停了下来。在建构室的一角，摆放着装积木的双层木质橱柜。此时，昕昕和小齐正蹲在橱柜前，在橱柜里不停地摆弄着什么。朱老师走近一看，只见橱柜的上下两层稀稀拉拉地摆放着积木。"你们在玩什么呢？"朱老师有些不解地问道。"在搭我们的家啊。"昕昕边指着积木边介绍起来:"(指着橱柜上层)这个是楼上睡觉的地方,这是床,这是挂衣服的地方……(指着橱柜下层)这个是楼下烧饭的地方,这是吃饭的桌子、椅子,可是煤气灶我们还没搭好……"原本以为他们只是在随意地摆弄积木,没想到他们竟然巧妙地把整个橱柜当成了一幢房子,在里面布置起家具来了。孩子们的创新意识让朱老师大为惊叹,同时他也重新打量起建构室内的物品来:建构室的一边靠墙处摆着一排木制的几何体框架,三角形、长方形、正方形、六边形等交叉组合成了一排别致的橱柜,里面放置着不同大小和形状的积木;另一边是比较大型的积塑,还有着几个比较形象的门板、屋顶等;在另一个角落里靠墙处摆放着几个双层矮柜,里面叠放着大小不一的积木(就是昕昕他们搭建"家"的地方)。以前,大家只想着用橱柜里的积木来建构,却没有想到其实任何东西都可以打破常规,为己所用。想到这,朱老师马上请昕昕介绍了他们的想法,并鼓励孩子们大胆运用建构室里的一切物品来建构,包括用组合橱柜的几何体来建构更加大型、立体的建筑。这下,活动室里热闹起来了。苗苗和乐乐搬来几何体开始了更大规模的城堡建设;佳佳和伙伴们找了塑料门板做两层楼中间的楼板,这样上层的房子就稳固多了;场地中间的几个男孩也开始着手于"学校"的加固和扩建了。

就成人的思维而言,橱柜、箱子、盒子等一般都是用来收纳物品的,最多根据摆放需要变换一下位置,或者利用柜面开展一些小型的桌面游戏。这样的定式思维无形中给了幼儿一个信号——这些东西是不能动的。在这样的潜意识之下,幼儿的创造性思维也受到了一定的限制。而在上述建构游戏中,同样的材料,不同的思维角度,换来的是更加大胆、自由、充满创意和乐趣的建构活动。所以,在环境允许的情况下,教师应该以更加开放的眼光和心态来看待幼儿的想法和行为,为幼儿创设更加开放而自由的环境,引发幼儿更多的奇思妙想和创意行为。在建构区域中,大到橱柜、大型纸箱,小到各种篮筐、盒子,甚至是作为地垫的泡沫板,都可以成为幼儿建构的材料,成就幼儿的无限想象。

当然,案例中的建构室材料基本上只有积木和积塑,虽然有不同的形状和大小,但就幼儿的建构经验来说相对还是比较单一的。如果教师能多提供一些不同材质、样式的辅助材料，幼儿的建构游戏将会变得更加丰富而生动。比如提供薯片罐、易拉罐、各种纸盒、管道等，可以让幼儿体验不同的建构经验；也可以提供一些可插接的小型积塑或者小型装饰物等，以深化游戏情境，增添幼儿建构的乐趣。

（江苏省太仓市城厢镇幼教中心　谢玉兰）

40. 玩具取放巧安排

在每天的自由活动时间，幼儿都喜欢和朋友一起看看书，找一些玩具和游戏材料玩一玩，在取放图书、玩具和游戏材料时，一些小问题、小摩擦也随之而来。如果教师能够发现其中的问题所在，抓住问题解决中的教育契机积极引导，那么，幼儿取放玩具这一小细节也能起到很好的教育作用。

案例呈现

最近，小三班正在开展"轱辘轱辘"的主题活动，孩子们带来了很多玩具汽车，小轿车、大客车、大吊车、救护车、消防车、摩托车、小火车等在玩具柜里放了满满一大筐。

集体教学活动结束后，孩子们喜欢到玩具筐里拿汽车玩，这时，也是场面最为混乱的时候。孩子们呼啦一下全跑到玩具柜前，你推我搡、翻找自己喜欢的玩具车。"你让开！让开！"、"这是我的！给我！"、"老师，他推我！"……争吵声、告状声此起彼伏。

看着乱成一团的孩子，陈老师马上安抚孩子、维持秩序。事后，她也问自己："为什么会出现这样混乱的场面呢？"毫无疑问，孩子喜欢这些玩具车，而且这种喜欢还带着自己个人的偏好。过渡环节时间本来就短，每个孩子都想要拿到自己喜欢的玩具车，而它们又偏偏集中在同一个玩具筐里，寻找起来实在不方便，既耗时又易引发矛盾。那么，怎样才能让孩子快速、有序地找到自己想要的玩具车呢？分类摆放是一个既简单又有效的方法。

于是，陈老师将玩具柜清理出来，在玩具柜的每一层贴上不同的汽车标记，将小轿车、大客车、大吊车等按类分开摆放，便于幼儿寻找。第二天，幼儿在拿取玩具汽车时秩序好多了，而且在送回汽车时能够相互提醒、检查，看着标记按类别摆放。

有了标记提示，不仅便于孩子们找到自己喜欢的玩具汽车，而且还发展了他们的观察、分类能力，小小的改变收到了意想不到的效果。受此启发，陈老师决定在活动室的一角开辟一个"真正"的停车场，让幼儿"取放汽车"的环节发挥更大的教育价值。陈老师在地板上用即时贴隔出了八个停车区域，分别标上小轿车、大客车、大吊车、救护车、消防车、摩托车、小火车等不同的汽车标记，当然，还留了一个机动停车区，方便其他类别的汽车"停靠"。然后，在每个停车区，标上"从大到小"或"从小到大"停放的标记。第三天早上来园，孩子们看见了"停车场"兴奋不已，在老师提醒下，他们开心地把自己的玩具汽车送进了相应的停车区域里，并按照大小排列标记，给汽车排好队，数一数每种车有几辆，哪种车最多。"停车场"里的汽车停得整齐而有序，自由活动时，孩子们很快就拿到了自己的玩具汽车。

在幼儿园，教师一般都会让幼儿带一些玩具、图书来园，或者向幼儿提供一些玩具和游戏材料，供幼儿在自由活动时拿取、玩耍。然而，如果玩具摆放的位置、方法不当的话，幼儿在拿取玩具时就容易发生矛盾，这时，教师要思考问题的原因，从便于幼儿取放、满足幼儿需要、促进幼儿发展的角度出发进行调整。就像案例中的陈老师，根据"辘轳辘轳"活动主题，让幼儿带来了一些玩具汽车，并把汽车全部放在了一个玩具筐里。第一天自由活动时，幼儿因为挤在一起拿不到自己喜欢的玩具汽车，出现了争执、混乱的场面。陈老师对此问题进行了思考，并马上找到了原因，随后对玩具汽车放在哪里、怎么摆放等进行了两次调整。从在玩具柜里分类摆放，到在"停车场"里按区域、按大小顺序摆放，这些改变和调整都体现了教师的用心和教育智慧。

《3—6岁儿童学习与发展指南》中的"数学认知"目标部分，对小班幼儿提出了"能感知和区分物体的大小、多少、高矮长短等量的方面的特点,并能用相应的词表示"。陈老师设置的"停车场"的"停车规则",正好契合了小班幼儿的发展目标,它不仅让幼儿进行简单的分类,而且还引导幼儿学习给汽车按大小顺序排队,学习点数各种汽车,比较数量的多少,还可以比较汽车"队伍"的长短。"停车场"游戏,不仅解决了幼儿取放玩具时拥挤的问题,而且有效地帮助幼儿在日常活动中积累数学经验。

当然,"停车场"游戏还可以通过改变停车规则,顺应幼儿的发展需要,达成不同的教育目标。比如,停车区域可以以汽车轮子的多少进行分类,这样可以帮助幼儿关注汽车轮子的数量;增加颜色标记,让幼儿同时根据轮子数量和汽车颜色进行分类摆放。到了中、大班,还可以让幼儿自己设计停车场,学习合理利用场地分配停车位,丰富空间方位识别等知识。

在自由活动中,除了玩具汽车,还有好多需要幼儿自己取放的玩具、图书和其他游戏材料,只要教师站在促进幼儿发展的角度,合理、巧妙地安排,就能获得意想不到的效果。比如,在图书区,教师在书架前画上半米线,再贴上一对小脚印,这样前面一个幼儿取放书的时候,后面的幼儿就依次在小脚印后排队,保证了取放图书时的秩序。另外,为了使图书摆放得整齐有序,教师可在每一层书架上贴上不同颜色的标记,同层书架再横向贴上数字,同时在每一本书上也都贴上对应的颜色和数字标签,这样,每一本书都有了自己固定的"家"。幼儿看完之后把图书一一送回"家",图书区自然就整齐、有序了,同时也锻炼了幼儿的观察、分类、排序等能力,培养了幼儿良好的整理习惯。

(江苏省太仓市城厢镇幼教中心 谢玉兰)

第六章

享受在美食美刻
——共享美味餐点

常常运用自然和社会的环境,以唤起其(儿童)生活的需要,扩充其生活的经验,培养其生活的能力。

——中国现代著名幼儿教育家 张雪门

41. 创设环境，让幼儿吃饱吃好

案例呈现

快乐的游戏结束了，快到午餐时间了，饭菜的香味已经扑面而来，有的孩子猜测："我闻到酸酸的味道，应该是糖醋排骨。""不对，是醋溜包菜。"看到孩子们对今天的饭菜很感兴趣，教师肯定了幼儿根据嗅觉猜测的做法，并鼓励其他幼儿也猜一猜今天可能吃什么，以激发幼儿对食物的好奇心。同时，配班老师与保育员一起在餐桌上铺上桌布，保育员阿姨更是按照卫生保健的要求，认真地对每一张餐桌进行严格的消毒，以保证幼儿的用餐卫生。等到幼儿都落座后，教师开始播放优美的音乐，营造温馨的用餐环境。

在进餐的过程中，君君小朋友把汤打翻了，油油的菜汤把餐桌弄得一片狼藉，同桌吃饭的其他小朋友不免躁动起来。君君紧张地瞪大了眼睛，脸一下子涨得通红。老师轻轻地走到君君的身边，用温柔的眼神看着他说："君君，没事，老师再帮你盛一碗汤。"保育员阿姨马上用干净的抹布把桌上的菜汤全部擦干净，还用心地摸了一下君君的衣服，看看是否把衣服弄脏了。老师重新给君君盛好汤，让他继续吃饭。接下来，老师就在离君君不远的地方细细地观察他的用餐情况。老师发现，君君喝汤的时候没有像其他小朋友那样用两只手稳稳地端起来喝，只是用左手端碗。就在老师观察的过程中，君君再一次把汤洒了，这一次还把自己的衣襟给打湿了，他有些忐忑地站了起来，用求助的眼神望向老师。这时，老师不急着给君君盛汤，而是拉着君君的手说："君君，你知道为什么会洒汤吗？"君君茫然地摇摇头，老师指着旁边正在喝汤的小朋友说："君君，你看，其他小朋友是怎么喝汤的？跟你的方法一样吗？"君君认真地看了一会儿，然后点点头说："我知道了。"老师追问："那你说说，应该怎么喝，汤才不会洒出来呢？""要这样。"君君边说边用两只手做端碗、喝汤的动作。老师欣慰地笑了笑，这时，保育员早把餐桌又擦拭干净，还拿干毛巾帮君君把衣襟上的汤汁吸掉。当君君用两只手稳稳地端起碗喝汤的时候，他情不自禁地向老师的方向瞄了一眼，发现老师正朝他投来赞许的目光。

影响幼儿进餐的因素包括物质环境和心理环境两个方面，上述案例中教师不但为幼儿创设了舒适的物质环境，还为他们创设了宽松的心理环境。

一方面，在幼儿的午餐环节创设良好的物质环境，可以保证幼儿用餐的安全、健康，案例中列举的消毒等环节是必不可少的。此外，还有许多方面值得注意，如保持用餐环境的干净整洁；空气要流通；不能有噪声；可以适当地播放一些优美的音乐；用多种方式帮助幼儿了解食物的名称和饭菜的营养等，这些都能在一定程度上促进幼儿的食欲，使他们主动地用餐，从而达到补充营养、促进身体发育的目的。

另一方面，在幼儿用餐时要为他们创设宽松的心理氛围，调动幼儿进餐的积极性和主动性，使他们能够情绪愉快地用餐。案例中，在用餐前教师随机地根据幼儿的兴趣点组织谈话，让幼儿对于饭菜的味道有一个间接的感知，从而引起幼儿对饭菜的欲望，这是一种有效的心理暗示，有利于帮助幼儿调节情绪，从之前游戏活动的兴奋中自然而然地转换到用餐前的轻松氛围中。特别值得一提的是，当君君小朋友洒汤的时候，教师和保育员都没有呵斥和埋怨，让君君小朋友感受到了老师的关爱和呵护。试想一下，如果有小朋友洒汤或是发生其他情况时，教师表现出不耐烦，甚至当众训斥，势必会让该幼儿产生不良的情绪，导致幼儿不能安心、愉快地用餐，而且还会影响到全体幼儿的用餐情绪。相比之下，君君非常幸运，不但没有影响用餐情绪，还在教师的引导下掌握了喝汤的方法。可见，为幼儿创设宽松的心理氛围对于幼儿的用餐会起到积极的作用。

另外，教师（包括保育员）的语言、表情、情绪也会影响幼儿的用餐情绪。比如在用餐时，有些教师会当着幼儿的面评价饭菜不好吃，这必然会直接影响幼儿的食欲。还有一些教师为了让幼儿快点吃饭，就让他们进行比赛，看谁吃得又快又好，殊不知这样的竞赛只能使快的更快、慢的更慢，不仅不利于幼儿的咀嚼和消化，还会使幼儿养成不良的饮食习惯。因此，教师要用平静的语气引导幼儿，鼓励他们自主进餐；对一些偏食、挑食的幼儿，要多加指导，让幼儿体验到老师的关注和呵护。当然，在幼儿进餐时，教师的引导也不要过多，以免分散幼儿的注意力。此外，教师还应关注幼儿的个体差异，不能"一刀切"，要让每个幼儿在生理上吃饱，在心理上"吃好"。

（江苏省太仓市浏河镇幼教中心　梅燕芳）

42. 快乐午餐不挑食

用餐时，愉快的情绪可以使人食欲大增、胃肠功能增强，有助于食物的消化、吸收；相反，人在愤怒、忧郁或苦闷时，没有胃口，勉强吃下去也难以消化。幼儿正处于行为可塑期，养成愉快的用餐习惯能够有效促进幼儿的身体健康。但是，每到午餐时间，我们总能看到有一部分幼儿对着香喷喷的饭菜愁眉苦脸。此外，幼儿时不时出现的一些不良用餐行为，更是与幼儿不稳定的情绪变化有着密切的关系。

案例呈现

又到午餐时间了，保育员阿姨推着餐车进入活动室，瞬间香喷喷的饭菜香味飘满了整间教室。孩子们围了上去，七嘴八舌地问："阿姨，今天吃什么菜啊？""阿姨，今天有没有红烧狮子头？""阿姨，今天的蔬菜是青菜吗？"一听就知道是几个挑食的小家伙在问。保育员阿姨哪里知道他们心里的小九九，笑眯眯地对孩子们说："今天，厨师伯伯给你们做了红烧带鱼，蔬菜是西兰花。""哦！"听见不是自己喜欢吃的菜，这几个小家伙情绪低落地回到了座位上。

饭菜分好了，孩子们洗好手安静地坐在自己的桌子边上用餐。老师发现平时一直活泼的小雨和豆豆皱着眉头，慢吞吞地扒拉着碗里的饭菜，一副没精打采的样子。

"小雨，今天怎么不高兴啊？身体不舒服吗？"

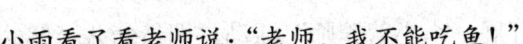

小雨看了看老师说:"老师,我不能吃鱼!"

老师奇怪地问:"为什么不能吃鱼?"

小雨担心地说:"上次妈妈在家吃鱼被鱼刺卡着了,我……我怕鱼刺。"

"慢慢吃,小心一点就没事了。"老师说完,又转头问豆豆:"你怎么也不吃啊?也是怕鱼刺吗?"

豆豆指着西兰花说:"这是什么菜,我家没吃过,味道怪怪的,我不要吃。"

知道了孩子的担心,老师连忙向孩子们介绍:"今天我们吃的红烧带鱼,是大海里的一种鱼,长得长长的像一条带子,所以叫带鱼,我们吃的时候要从边上开始吃,吃出来的骨头像一把梳子;今天的蔬菜是西兰花,你们看它长得像不像一朵花?它们可都很有营养哦。"

"我在幼儿园的门口看到过这种菜,在菜谱上。"丁丁听了老师的介绍说。

"是啊,我们每天吃的菜在幼儿园门口的菜谱上都有哦,等大家吃完了,我们一起去看看明天吃什么,到时请小朋友来介绍明天的菜谱。"

听了老师的介绍,小雨和豆豆拿起筷子吃了起来。

因为害怕受到伤害(被鱼刺卡住等)导致的偏食、因为不敢尝试新口味导致的挑食等,对于这些因为负面的情绪直接导致的不良用餐习惯,教师如果没有及时发现并采取有效的策略帮助幼儿,则很容易变成幼儿的进餐压力,进而影响幼儿的健康。就如案例中的小雨和豆豆,表面上看他们的行为属于挑食,但是这两种挑食的背后有着明显的情绪因素:小雨是因为害怕鱼刺而选择了不吃鱼,豆豆是因为从未吃过西兰花而拒绝尝试新口味。经过教师适时的引导,幼儿紧张、担心的情绪得到了缓解,进餐也变得顺利多了。几乎在每个班级里,都有和小雨、豆豆一样因为种种原因引起的进餐问题,教师不能一味地强制要求幼儿进餐,相反可以适当地通过情感沟通、同伴影响、情绪疏导等方法,让幼儿在愉悦的进餐氛围中就餐。如何帮助幼儿在愉悦、自主的氛围中进餐,真正体验到快乐午餐的味道呢?下面几个方法仅供参考:

(1)**小小营养师**。生活中的菜品各种各样,但很多家庭的菜谱都有自己的偏好,幼儿园里的菜有的幼儿在家中从未吃过,因此不可避免地产生抵触的情绪。

如何疏导这种情绪呢？教师可以开展"小小营养师"活动，即请幼儿了解幼儿园的每日菜谱，提前帮助幼儿了解午餐吃什么，对于未吃过的菜，请幼儿和爸爸、妈妈一起了解它的口味及营养，然后每天安排一个幼儿在谈话活动时向全班幼儿介绍当天的菜谱及相关的营养知识，以缓解幼儿的抵触情绪，引起他们尝试新口味的兴趣和欲望。教师也可以根据幼儿的进食情况有意识地安排有挑食问题的幼儿参与介绍活动，帮助他们逐步接受不爱吃的食物，进而改正挑食的不良习惯。

（2）小小美食家。每个幼儿都有自己的口味喜好，看到喜欢的菜就眉开眼笑、胃口大开，看到不喜欢的菜就愁眉苦脸。但是，幼儿的这种情绪很容易受同伴的影响，如何让幼儿积极的情绪影响更多同伴，使更多的幼儿获得良好的用餐体验呢？教师可以开展"小小美食家"活动，即教师和幼儿一起将每天的菜用彩图制作成美食菜谱，每个幼儿都是美食家，在每天的午餐前，由幼儿推荐当天最喜欢的美食，每个幼儿吃过午餐后对菜的口味进行星级评价，一周后评出最美味的菜，并给予推荐者"小小美食家"的称号。游戏与生活的相互融合，让挑食的幼儿不再感到进餐的压力，遇到不喜欢的菜时，为了星级评价也能尝试感受一下菜的味道。当自己不喜欢的菜却被别的小朋友推荐为最美味的菜时，这时不爱吃的幼儿也能慢慢接受这种菜的味道。可见，同伴的情绪感染和行为影响也不失为帮助幼儿调控自身进餐情绪的良好方法。

（3）快乐小餐厅。良好的用餐氛围能使用餐过程更加轻松愉快。每个幼儿都有自己的好朋友，但是幼儿园固定的座位安排使幼儿失去了与朋友共同进餐的机会。如何创设一个良好的用餐环境并以此帮助幼儿在愉快的用餐氛围中养成好的用餐习惯呢？在幼儿午餐时，教师可以尝试开展"快乐小餐厅"活动。在活动室一角，用小屏风隔出一个用餐区域。每天，有需要的幼儿可以端着自己的饭菜，和好朋友坐在快乐小餐厅一起用餐。当然，快乐小餐厅的主题是快乐，在里面吃饭的每个人都要在午餐规定时间里开开心心地吃完自己的一份饭菜，这可以帮助有不良用餐习惯的幼儿在愉快的氛围中养成良好的进餐习惯。

（江苏省太仓市新区幼教中心　袁迎春）

43. 餐垫的妙用

午餐环节在幼儿的一日活动中占的时间虽短,却是孩子生长和发育的"营养补给"重要环节。进餐对于幼儿而言,不仅是身体生长的需要,进餐时的礼仪、习惯、自理能力等都对幼儿今后的生活非常重要。那么,如何培养幼儿良好的用餐习惯,让午餐吃得有质量,发挥午餐环节特有的教育作用呢?下面的案例或许会让你得到一些启示。

小二班的琳琳老师一直为自己班里孩子的用餐习惯犯愁。刚开学的时候,就有很多孩子不会自己用勺子吃饭,有的孩子吃饭的时候总是撒饭粒、撒汤,弄得桌上、身上甚至地上都是;尽管在桌上摆了放置废弃物的盘子,可是仍然有孩子随意丢弃废弃物。

琳琳老师每天都会在吃饭前提醒孩子们注意保持桌面、身上整洁,也用了奖励、提醒等多种方法,效果却并不理想。家长也经常反映,孩子身上会有很多进餐时留下的污渍,要老师多多关照。

一次饭后,孩子们拿着自己喜欢的玩偶聊着,女孩小洁说:"看,我的美羊羊最漂亮了。"说完,她把美羊羊抱在怀里,温柔地摇晃着。

小美美慕地看着小洁怀里的美羊羊,说:"我也喜欢,让我抱抱。"

琳琳老师走上前,笑着问:"你们为什么觉得美羊羊漂亮呢?"

孩子们抢着说:"因为她的毛白白的、软软的,很干净很漂亮!""因为她戴的蝴蝶结很好看!"

琳琳老师又问:"除了美羊羊,还有什么动物或者玩偶你们也喜欢呢?"

这一下,小家伙们更来劲儿了,纷纷兴奋地介绍着自己喜欢的玩偶。琳琳老师听着孩子们的聊天,忽然想到了一个改善孩子用餐习惯的办法。

第二天吃饭前，琳琳老师拿出一叠塑封好的卡通形象图片，孩子们看到立刻围了过来："老师，这是什么？""哇，好漂亮呀！"

琳琳老师介绍道："这些动画片里的朋友，你们都认识吗，看看有谁？"

孩子们开心地看着，说着自己喜欢的卡通图片。琳琳老师笑着解释："这些卡通图片是老师做的餐垫。有谁知道什么是餐垫吗？"宏宏举起小手说："我知道，我们家里有的，就是吃饭的时候垫在盘子下面的。"

琳琳老师点点头，继续解释："宏宏说的没错。今天起，我们就可以把这些卡通朋友垫在我们的小碗下面，让它们陪我们一起吃饭。它们身上穿着漂亮的衣服，为了不把它们的衣服弄脏，我们吃饭的时候要注意些什么呢？"

孩子们想了想，纷纷举起了手。

轩轩说道："要小心一点。"

小美说道："我最喜欢美羊羊，要是弄脏了就不美了！"

孩子们积极地讨论着用餐时的注意要点。

接下来的午餐中，孩子们吃得小心翼翼，几个总是漏饭粒、撒汤汁的孩子，也不再像平时那样粗心大意了。吃完饭，孩子们又三三两两地凑在一起，说着自己的卡通餐垫有多干净、多漂亮。

接下来的日子里，这些卡通餐垫陪伴孩子们度过每天的午餐时光。琳琳老师还根据孩子的要求，定期更换和调整卡通餐垫，帮助孩子们逐渐改善了用餐习惯。

《幼儿园教育指导纲要（试行）》明确提出："幼儿要养成良好的生活、卫生习惯，有基本的生活自理能力。"午餐环节是一个非常好的培养幼儿自理能力的机会，而且这样的机会每天都有，有利于幼儿形成稳定、长久的习惯。但刚入园的幼儿往往因为家长过多包办、过于宽纵，没有形成自己动手用餐并保持整洁的意识。案例中琳琳老师遇到的便是这样的问题。

在培养幼儿的良好习惯时，教师常常会直接告诉幼儿"应该做什么"，希望幼儿能在教师的提醒和要求下慢慢地改善行为。日子一长，幼儿对这样的劝说和强调变得充耳不闻起来。其实，教师可以变换方法，让日常的规则变得有趣，让良好的习惯在宽松、主动的氛围中养成。案例中的琳琳老师利用幼儿喜欢卡通形象的心理，用卡通餐垫作为提醒，代替了老师的"唠叨"，这样一来，幼儿在用餐时就会特别小心，不再随意泼撒饭菜，能主动维持桌面整洁了。进餐环境的小小改变和尝试，不仅能潜移默化地帮助幼儿养成保持桌面整洁的习惯，而且能够改善用餐氛围，使幼儿快乐主动地用餐。

　　卡通形象的妙用还有很多，比如教师可以将不同的卡通形象贴在丢弃杂物的盘子下面，比如今天吃排骨，就在放置废弃物的盘子下，垫上一张小狗图片，提醒幼儿，小狗喜欢吃骨头，可以把骨头放在小狗图片上方的盘子里，不要乱扔废弃物。再如，教师可以在剩菜桶里贴上卡通图片，提醒幼儿不要浪费粮食，否则倒掉的剩菜就会把桶里的小动物给淹没了。除了卡通图片，教师还可以用一些有趣的动画片、童话故事等提示幼儿，对于幼儿来说，这样的方式比教师一遍遍的叮嘱更容易接受。

　　良好的用餐习惯除了保持桌面整洁以外，还有很多，比如能自己把餐具整理后放入指定的地方；饭后能擦嘴、漱口；中、大班的幼儿能主动参与整理餐桌等。在处理这些生活细节时，教师需要尊重幼儿的自主性，尊重幼儿的情感和个性发展需要，用长久的耐心、灵活的智慧和爱孩子、包容孩子的心持之以恒地帮助幼儿形成良好的行为习惯。

（江苏省太仓市艺术幼教中心　吴颖颖）

44. 午餐伙伴自己选

　　科学研究表明：情绪的好坏直接影响食欲。食欲不佳的人，吃任何美食都如同嚼蜡，同时还影响营养吸收。因此，为幼儿创设一个温馨、愉快的就餐环境是非常必要的。幼儿园的进餐环节是在集体环境中进行的，幼儿的进餐情绪、进餐习惯在潜移默化中都会互相影响，甚至个别幼儿的负面情绪会影响到更多幼儿，导致其他幼儿的用餐质量降低，这是教师应该关注的问题。

 **案例呈现**

午餐时间到了，真是有人欢喜有人忧。食欲好的孩子闻到浓浓的菜香会好奇地问："老师，真香啊，今天吃什么？"食欲不好的孩子则皱着眉头央求着："老师，我吃不下，饭菜少盛一点儿，好吗？"这是每个班幼儿在用餐时经常会出现的情况。这不，"不爱吃饭"的悦悦撅起了小嘴巴，紧蹙着双眉，一副"痛苦"的样子。张老师安慰悦悦说："今天老师会给你少盛一些，你尽量吃完，好吗？"悦悦听了，眉头稍微舒展了些，对张老师点点头。

开始用餐了，张老师依照承诺给悦悦少盛了一些，并观察她用餐的表现：她用勺子舀起几粒米，放在嘴里慢慢地嚼，可是吃了几勺后，她又像往常一样把勺子一放，无所事事了。类似悦悦的孩子还有好几个，看来在某种程度上，少盛些饭菜对他们已经不起作用了，需要改变策略、另寻途径改善他们的用餐习惯。

还是从悦悦入手吧。张老师走过去，轻抚她的肩头，轻轻地对她说："悦悦，如果你今天能很快地吃完自己的一份饭，老师可以满足你一个愿望。"悦悦眼睛一亮："真的吗？""老师说话算话，不过你的愿望得是合理的哦。"悦悦想了想，悄悄地告诉张老师："我想和明明坐在一起。"悦悦和明明是无话不谈的好朋友，平时就喜欢腻在一起，也许朋友的力量可以改变悦悦用餐的情况。"可以，如果你今天能乖乖吃饭，老师可以满足你这个愿望，从明天开始可以和好朋友同桌吃饭，好吗？"悦悦高兴地拿起勺子，大口地吃起来，不一会儿就吃完了，她把空碗举起来，得意地向老师晃一晃，张老师向她竖起大拇指说："真棒！"

第二天，张老师如约让明明和悦悦坐在一起用餐，并观察悦悦的表现。只见悦悦眼睛笑眯眯的，用餐明显比以前积极了。明明用餐习惯很好，在明明的影响下，悦悦吃完了自己的一份饭菜，用餐速度也快了很多，吃完了她就和明明一起游戏了。

悦悦的转变给了张老师启发，她想：也许利用自主选择同伴的方式也能改善其他幼儿的用餐情况。于是，张老师在班级中开展了"自选午餐伙伴"的活动，孩子们可以在午餐的时候选择自己的好朋友共进午餐。

启动这个活动后,午餐成为孩子们特别期盼的时间,他们会在餐前准备时自主协商今天和谁一起吃饭,快乐的情绪弥漫在整个活动室。在用餐过程中,孩子们会互相督促好朋友赶快吃,吃好了一起做游戏。"自选午餐伙伴"实施一段时间后,几个"不爱吃饭"的孩子的用餐情况得到明显改善,而且他们还交到了更多的好朋友。

通常,当幼儿的用餐习惯出现问题的时候,教师大多是用说教、督促甚至喂食等直接、简单的方法来解决,结果往往收效不大。其实,"触类旁通"、"旁敲侧击"有时会起到事半功倍的效果。教师应该学会观察幼儿的行为,分析其行为问题的症结,对症下药,在摸清幼儿的喜好与理解幼儿想法的基础上,巧妙地利用幼儿的特点开展教育活动。

《幼儿园教师指导纲要(试行)》指出:"幼儿同伴群体及幼儿园教师集体是宝贵的教育资源,应充分发挥这一资源的作用。"幼儿期是幼儿社会性发展的重要时期,他们对伙伴、朋友的需求逐步加强,他们渴望友谊,享受和好朋友在一起的快乐与幸福,因此同伴是幼儿成长中的重要角色。

张老师很好地利用了同伴资源,用同伴的力量改变幼儿的用餐情绪,让幼儿保持积极愉快的情绪进餐。同伴的影响是在潜移默化中形成的,在用餐过程中,同伴之间的积极情绪相互影响,欢乐的氛围使幼儿增强了食欲,从而改善了用餐习惯。在这个案例中,用餐环节不仅是简单的保育环节,还包含着其他的教育作用,比如幼儿的社会性发展。社会性发展是幼儿发展的重要内容,在幼儿自主结伴用餐的过程中,教师不仅能够了解幼儿的同伴交往情况,还可以帮助幼儿互相学习、互相鼓励、共同发展。

(江苏省太仓市实验幼教中心 张颖黎)

45. 盛饭也有秘密

午餐是否吃得好,直接影响幼儿的身体健康。为了幼儿的健康成长,不管教师还是家长对幼儿在园进餐的问题都十分关注。那么，在午餐管理的过程中，除了一些基本的常规要求外，还有哪些值得我们关注的细节呢？

案例呈现

小王老师最近很头痛，她刚解决了孩子入园哭闹的问题，又遇到午餐管理的难题。尽管每次午餐，小王老师时刻关注、不断提醒孩子不要剩饭，可是每次餐桌上总会剩下一堆的饭菜。有的孩子只吃了几口，就说吃不下了；有的孩子干脆说不要吃。小王老师试着喂一个吃得少的孩子，没想到才喂了几口，孩子就全吐了出来，边吐还边打呕，小王老师顿时不知所措。

不知道隔壁的大刘老师班上有没有这种情况呢？小王老师决定趁着配班和保育员都在的时候，去隔壁班看看。奇怪，同样是小班的孩子，同样是这些饭菜，隔壁班的孩子们可是吃得很香，没几个剩饭的。大刘老师也没有忙着给孩子喂饭，而是一会儿对这个孩子笑眯眯地点点头，竖个大拇指，一会儿又蹲下来，和那个孩子轻轻说句话，一点也不像小王老师那样手忙脚乱。怎么回事，难道大刘老师班上的孩子吃饭特别乖？小王老师忍不住把自己的困惑告诉了大刘老师，大刘老师笑而不答，请小王老师第二天来看她组织午餐。

第二天，小王老师提前把班级里的工作安排好，特意来看大刘老师组织午餐。大刘老师的班里很安静，配班老师在给孩子介绍好吃的饭菜。大刘老师招招手，请小王老师来看她分饭菜，小王老师仔细一瞧，还真看出点名堂来。一组里的饭，除了三碗差不多，其他三碗饭一碗特别多，两碗少一点。分的菜也有点不同，今天吃红烧肉圆，饭特别少的那个座位上，只分了半个肉圆，有四份饭上都淋上了香浓的肉汁，另两份却还是白饭。

大刘老师分好饭菜，孩子们也陆陆续续地上桌吃起饭来。大刘老师一会儿夸这个小朋友吃得棒，一会又说那个小朋友有进步，听着大刘老师的表扬，孩子们吃得更起劲了。对几个吃得特别快的孩子，大刘老师提醒他们吃慢点儿，要细嚼慢咽。对于几个吃得特别慢的孩子，大刘老师走过去，一个一个地鼓励他们。

"天天，昨天的饭菜都吃光了，今天帮刘老师拿玩具，力气都变大了，今天

第六章 享受在美食美刻——共享美味餐点

你肯定也能都吃完。"望着碗里剩下不多的饭菜,天天自信地点点头。

"萌萌今天吃了两根小青菜,比上次多吃了一根,萌萌进步真大。"听了大刘老师的话,萌萌开心地说:"刘老师,我还能再吃一根。"

"小宇,今天的肉圆特别好吃,你看晨晨吃得多香,一整个都吃完了,你要不要也吃一口?"分到半个肉圆的小宇看同伴们吃得正香,终于也咬了一口肉圆。大刘老师又帮小宇把肉圆分成几小块,鼓励他一口口都吃完了。

看到这里,小王老师明白了,原来大刘老师"厚此薄彼"盛饭的背后,还有着这样的用心,看来不是大刘老师班级里的孩子吃饭特别乖,而是自己没用对方法。这之后,小王老师在午餐管理中学习大刘老师关注孩子的需要,在提出要求时,她会先从孩子的角度出发去考虑要求是否合理,提出要求后再进行进一步的指导,小王老师在午餐管理中遇到的难题很快也得到了解决。

剩饭、偏食、挑食……是教师在午餐管理中经常会遇到的问题。对于年龄较小的小班孩子,如果向他们提出"不可以这样那样"的要求,是很难获得管理成效的,就如同案例中的小王老师,虽然她时刻关注、不断提醒,却仍然没有效果。相反,大刘老师却通过"盛饭"的区别对待,解决了这个问题。

《3—6岁儿童学习与发展指南》提出了尊重幼儿发展的个体差异的原则,认为每个幼儿在沿着相似进程发展的过程中,各自的发展速度和到达某一水平的时间不完全相同。教师要充分理解和尊重幼儿发展进程中的个体差异。幼儿的个体差异并不仅仅表现在学习发展水平上,还存在于生理发展水平上。同一个班级的幼儿,有的体质强,有的体质弱;有的饭量大,有的饭量小;同样的菜,有人喜欢吃,有人不喜欢吃。

大刘老师根据幼儿不同的饭量和用餐习惯来分配饭菜,体现了她在午餐管理中对幼儿个体的关注以及以人为本的保教理念,看似"厚此薄彼",实则"对症下药"。吃多少盛多少,一方面能满足饭量大的幼儿的用餐需要,另一方面使饭量小的幼儿在老师的鼓励下,也能努力吃完自己的一份饭菜,久而久之,饭量小的孩子饭量增加,逐渐养成不剩饭的良好用餐习惯。

其实,大刘老师在用餐指导中的做法,还不止按量分饭、逐渐加量这一点,进一步透视案例，我们还能发现语言鼓励、同伴榜样、个别帮助等多种策略的运用，这些有效的指导策略能对幼儿养成良好的进餐习惯起到促进作用。幼儿午餐管理中涉及的问题是多样的，教师的指导策略也应该是多样的。只要教师关注幼儿用餐的细节，在了解幼儿用餐特点的基础上提出合理的要求，并提供有针对性的指导，那么一定能在班级内建立起良好的用餐常规，使幼儿逐步形成良好的用餐习惯。

（江苏省太仓市科教新城幼教中心　张丹）

46. 饼干拼图

每到点心时间，盘子里的碎饼干总是不那么受欢迎，原因很简单，孩子们都不喜欢吃碎饼干。于是，一些孩子常常为了得到一块完整的饼干，而和小伙伴发生争执，抢来抢去不但不卫生而且会影响孩子的情绪，一些个性强的孩子甚至因此拒绝吃饼干和牛奶。面对孩子们都不喜欢吃碎饼干的问题，教师该怎么做呢？

案例呈现

点心时间到了，孩子们洗完手陆陆续续地回到自己的座位上。先回到座位上的孩子毫不犹豫地选择吃完整的饼干，到最后盆子里只剩下了一些压坏的碎饼干。碎饼干的"销路"一向不好，这不，第三组的芸芸和小豪，又因为争一块完整的饼干而闹起来。"是我先拿到的，"芸芸说。"是我先拿到的，"小豪也不甘示弱。在争抢的过程中，饼干一不小心被弄碎了，两个人只好无奈地拿起碎饼干，并用埋怨的眼神看了对方一眼。

这时候，小杰不紧不慢地走了过来，因为是慢性子，所以他每次总是最后一个回到座位上，盆子里完整的饼干早已不见踪影，只剩下一些碎饼干块。小杰拿起盆子里的两片碎饼干看了看，好像在比对。"小杰，你在干吗？"老师好奇地问他。"老师，你看，两块饼干可以拼起来。"小杰为自己的发现而感到惊喜不已。

第六章　享受在美食美刻——共享美味餐点

"真的,你的发现太有意思了!"老师对小杰的想法表示了肯定。"孩子们,你们看,两块碎饼干拼在一起就是一块完整的饼干了,多像我们平时玩的拼图啊。"孩子们目不转睛地看着小杰手里的饼干,这突如其来的关注都让他有些脸红了。"老师,我玩过拼图的。""老师我也会拼图的。"……孩子们你一句我一句地说开了。老师接着孩子们的话说:"拼图我们都玩过,可是我们都没有用饼干玩过拼图游戏,下次还有碎饼干的时候你们也可以试一试哦,看谁能用最快的速度拼出一块完整的饼干,然后'啊呜'一口把它吃掉。"听了老师的建议,孩子们连连点头。老师随即又说:"你们再看看,小杰手里的这块碎饼干还像什么呢?""像一把手枪。""倒过来像一把椅子。""我觉得像一只靴子。"孩子们一下子来了兴趣。

在后来的点心时间里,"抢"饼干的事情再也没有发生过,碎饼干倒成了"抢手货",只听孩子们不停地说:"老师,你猜我用饼干拼成了什么?""我吃了一个三角形。""哈哈,咬一口,变成了一个大嘴巴。"点心时间成了孩子们最开心的一段时间。

饼干虽然碎了,但是味道没变,浪费了真可惜。这个道理大人都懂,但对幼儿说这些道理,他们是不会接受的,如果教师强制幼儿去吃碎饼干,只会让幼儿感到委屈或者引发更多的矛盾。喜欢美好、完整的事物是幼儿的天性,这种天性是与生俱来的,我们的教育就要顺应幼儿的天性,针对幼儿的心理特点因势利导。上述案例中,小杰的意外发现,激发了教师的教育灵感。教师利用幼儿喜欢玩、喜欢想象的心理,引导幼儿玩"饼干拼图",观察碎饼干并大胆想象,从而不仅解决了幼儿不愿意吃碎饼干的问题,还鼓励幼儿大胆想象使碎饼干"具象化",使吃点心这个幼儿每天都要经历的生活活动也因此变得趣味十足、温馨愉快。

应该说,案例中的教师是很有教育艺术和智慧的。教育智慧从何而来?它来源于教师对幼儿年龄特点的把握,对幼儿兴趣、需要的了解,对幼儿天性的尊重。只要我们立足于幼儿的发展特点和兴趣需要,顺应幼儿的天性,积极引导,教育活动就会变得多姿多彩,幼儿的在园生活也会变得更加快乐美好。

（江苏省太仓市实验幼教中心　肖芳）

47. 放手也是一种智慧

一日生活各环节中,隐藏着很多值得珍视的教育契机。教师有时因为害怕乱中出错,有时为了节省时间而忽视这些值得把握的教育细节。我们希望为孩子做得更多、做得更好,而恰恰是教师的"帮助"和"周到"无意中阻碍了孩子的发展。

案例呈现

一天来园时,中班的阳阳老师接待了班里小女孩茜茜的妈妈。茜茜妈妈反映,家人为了增强宝宝的营养,为茜茜订购了和幼儿园一样的袋装牛奶,但是茜茜只喝了几次就不愿意喝了。每次去超市,茜茜都会要求买盒装的牛奶。茜茜妈妈想问问老师,女儿在幼儿园喝牛奶的情况,她想知道女儿是不是因为牛奶口味不同才不愿意喝牛奶的。

阳阳老师想了想,似乎平时茜茜在喝牛奶时并没有什么抗拒的反应,反而总是很快地用完自己的点心。

当天的点心时间,阳阳老师特地观察了茜茜的情况,只见她很快吃完了饼干,又拿起已经插好吸管的袋装牛奶喝了起来,还开心地和同伴说:"我已经吃完饼干啦!"不一会儿,茜茜就把扁扁的牛奶袋子放进了垃圾箱。

阳阳老师走过去和茜茜聊了起来:"茜茜,吃完点心啦?"

茜茜回答:"是的!"

阳阳老师问:"茜茜,你喜欢喝幼儿园的牛奶吗?"

茜茜笑着点点头。

阳阳老师又问:"妈妈是不是在家里帮你订了和幼儿园一样的牛奶?你怎么不喝呢?"

茜茜不好意思地笑了笑:"袋子软软的,我不会打开。"

第二天,阳阳老师趁茜茜妈妈送女儿时,又和她进行了沟通。阳阳老师让茜

第六章 享受在美食美刻——共享美味餐点

茜妈妈回忆茜茜自己在家喝袋装奶的情景。妈妈说，茜茜第一次看到买回家的袋装牛奶很高兴，迫不及待地找吸管想喝，但是家里没有吸管，就自己拿着小剪刀，想把牛奶袋子剪开，谁知剪得大了一些，牛奶撒在身上和地板上。第二天，妈妈去买了吸管，茜茜拿着吸管自己喝牛奶，可是插吸管的时候牛奶又溅了出来，把她喜欢的裙子弄脏了。从那以后，茜茜就不愿意再喝家里的袋装牛奶了。

交流后，阳阳老师确定了茜茜不愿意在家里喝袋装牛奶的原因：幼儿园里的牛奶都是老师和保育员事先把吸管插进袋子，孩子拿起来就可以喝；而在家里喝时自己动手却遇到了困难。茜茜的困难，也让阳阳老师想了很多……

在幼儿园经常可以看到，点心时间前，教师和保育员帮孩子把喝牛奶的吸管插好，幼儿只要动动嘴即可。从案例中也可以看出，茜茜并不是不喜欢喝牛奶，而是因为老师和保育员的"周到"，使她失去了自己动手尝试的机会，导致她在家里面对困难时，选择了放弃。

教师不让幼儿自己动手的原因有很多，一是可能考虑到幼儿年龄小，特别是小班幼儿，自己动手插吸管确实有困难；二是怕孩子弄湿衣服被家长埋怨，或者弄脏以后打扫麻烦。

其实点心时间让幼儿自己动手插吸管，恰恰是促进幼儿动手能力发展的好机会。也许在刚刚开始的时候，现场会"惨不忍睹"，但是坚持每天动手尝试后，他们会因为解决了这一问题而产生成就感。

手和大脑的发展有非常密切的关系。幼儿的智慧，有时就表现在他们的手指上。《3—6岁儿童学习与发展指南》也提到："要创造条件和机会，促进幼儿手的动作灵活协调。"比如：鼓励幼儿练习自己用筷子吃饭、扣扣子，帮助妈妈摘菜叶、做面食等；鼓励幼儿做力所能及的事情，不论幼儿做得好坏都给予适当的肯定，不因幼儿做不好或做得慢而包办代替，以免剥夺他发展自理能力的机会。

喝牛奶时让幼儿自己插吸管，看似无关紧要的小事，其实恰恰是培养幼儿自理意识和能力的途径。如何把吸管插进软软的袋子，对幼儿来说也是应该学习的小技巧。教师大可放手让幼儿来尝试，不仅如此，还可以针对这个问题组织幼儿讨论："怎样插管子牛奶不会漏出来？"让幼儿进行交流，尝试用多种方法来解决问题。比如用剪刀剪开一个小口再插入管子；用嘴巴咬开一个角，再插入管子；把袋子竖放，再从顶部插入管子；把袋子横放在桌上，从中间快速插入管子等，都是比较实用的方法。

除了自己插吸管喝牛奶外，用牛奶壶自助倒牛奶，以决定喝牛奶的多少；午餐时收拾整理餐具等，都是培养幼儿自理能力的机会。这些机会不仅能促进幼儿手部小肌肉的发展及动作的灵敏性、准确性，还可以培养幼儿的耐心、自信心，同时也能使他们体验劳动的快乐。因此，我们应该放手让幼儿自己去完成力所能及的事。此外，还可以调动家长资源共同教育，避免成人过度保护和包办代替，家园共同鼓励并指导幼儿自理自立的尝试。这样的放手，不仅能培养幼儿良好的学习和生活习惯，还能帮助幼儿养成积极主动、认真细致、不怕困难的个性品质。放手也是一种智慧，相信幼儿在我们适度的放手后，会有更多成长和发展的机会，会自己学得更多，做得更好。

（江苏省太仓市艺术幼教中心　吴颖颖）

第七章

轻吟一首摇篮曲
——温馨午睡时光

教育属于生活，教育为了生活，而且教育要依靠并借助于生活。

——美国进步主义教育家　克伯屈

48. 让孩子轻松入眠

午睡，是幼儿在园一日生活的必要环节。然而，很多教师发现，午睡时，班中总有那么一些孩子，慢条斯理地脱衣裤，好不容易上了床，也是辗转反侧，难以入眠，常常需要老师反复催促、安抚才能入睡。午睡，这个看似简单的小环节有时也会让很多老师，特别是年轻老师深感头疼。

案例呈现

刚工作不久的小朱老师，每当组织孩子入睡时都感到束手无策。睡前，孩子们在活动室和寝室之间进进出出，在床上爬上爬下、吵吵闹闹，面对这种情况，小朱老师常常要花很多时间才能让孩子们安静下来。怎么让孩子们能够在比较短的时间里安静地入睡，是小朱老师一直在琢磨的问题。这天，趁着换班的机会，她决定去她的结对师傅——杨老师班里，现场观摩杨老师是如何组织孩子午睡的。

刚走到中一班的教室门口，就听到悠扬的钢琴声。她打开门一看，只见孩子们正在轮流上厕所，上完厕所的孩子则脱衣裤、鞋袜，上床躺下，一切有条不紊。杨老师轻声提醒着几个动作较慢的孩子："抓紧时间啊，音乐可马上就要停了哦。"孩子们轻笑着点头，轻轻地脱衣、上床。

随着一阵舒缓的音乐的尾音响起，孩子们大多已躺下了。音乐声渐弱、渐止，杨老师声音轻柔地说："接下来我要来找一找了，你们的小肩膀、小手、小脚有没有都藏到被子里呢？赶快藏好了，可不要让我找到哦！"杨老师边说边检查。经过小雨身边时，只见她趴着，被子中间部分向上隆起。杨老师轻轻地在小雨耳边说："趴着睡对身体可不好，我们转过来，好吗？"小雨微微皱了下眉头，慢慢地转过身仰躺着。"怎么了？哪里不舒服吗？"杨老师问。"这个、这个被子、下面……"小雨断断续续地说。杨老师轻轻地掀开被子一角，哦，原来下面的垫被有一块全皱在了一起，怪不得不舒服呢。杨老师轻轻地把垫被拉平，

再帮小雨盖上被子，问："这下好了吗？"小雨腼腆地笑了笑，点了点头。"那就赶快找个舒服的姿势睡好喽。"杨老师说。

眼看孩子们都已经躺下、盖好了被子。杨老师拿出一本故事书，翻到中间一页，说："故事时间又到了，你们准备好了吗？闭上眼睛静静地听故事喽。今天我们来讲童话故事《小意达的花》，故事有点长，讲到一半我们就得睡觉了，剩下的部分起床吃过点心后我们继续讲。"随后，杨老师轻轻地讲起了故事："从前，有一个名叫小意达的女孩，她可喜欢花儿啦……"午睡室里，杨老师柔美的声音萦绕在孩子们的耳边，陪伴着他们悄然入睡。

故事讲到一半，孩子们陆续睡着了。这时，杨老师悄悄地来到芸芸的床头。只见芸芸还微张着眼睛，百无聊赖地东看看、西瞧瞧。杨老师俯下身轻轻在芸芸耳边问："喜欢今天的故事吗？"芸芸马上点了点头。"就是啊，小意达的花儿多美啊，还会跳舞呢。来，我们闭上眼睛想想，那是一件多么神奇的事情啊，说不定你睡着了还会梦见它们呢。"芸芸听了老师的话，很快闭上眼睛，慢慢睡去。

杨老师看似轻松、随意的言行之中，透射出教育者的智慧和对幼儿的关爱之心。小小的午睡环节蕴含着教育的大智慧。

（1）**借助音乐引导幼儿开展入睡前的自我管理，安定幼儿情绪**。在午睡前，幼儿需要如厕、脱衣裤鞋袜、上床铺被子……涉及一系列琐碎的午睡准备工作，这时候很多班级往往会出现比较混乱、嘈杂的场面，导致幼儿情绪紧张或兴奋，不利于入睡。而案例中的杨老师则选用了柔美的钢琴曲来代替教师的刚性要求，给幼儿一定的自我管理的意识和空间。期间音乐的选择也颇具匠心，如音乐主体部分提示幼儿完成如厕、脱衣、上床等准备工作，音乐的尾声部分提示幼儿躺下、盖好被子等，层次分明，也切实体现了《幼儿园教育指导纲要（试行）》中关于组织和实施方面的要求："建立良好的常规，避免不必要的管理行为，逐步引导幼儿学习自我管理。"同时，舒缓的音乐也营造了一种轻松、愉悦的氛围，能够安定幼儿的情绪，使幼儿逐步过渡到入睡前的平稳状态。

（2）**借助游戏帮助幼儿养成良好习惯、掌握正确而舒适的睡姿**。良好的睡姿有利于幼儿最大限度地放松身体，满足幼儿的生长需要。案例中的杨老师不仅对个别幼儿的俯卧睡姿及时予以纠正,还提出了"找一个舒服的姿势躺好"的建议。在健康的睡姿范围内,找一个舒适的姿态更有利于幼儿入睡。另外,针对幼儿午睡时容易着凉的特点,杨老师还采用了"找肩膀"、"找小手"、"找小脚"的游戏方式,使幼儿主动、快速地自己盖好被子并进行自我检查,轻松化解了教师为幼儿盖被而手忙脚乱的尴尬局面。

(3)借助故事促进幼儿安静、愉快入睡。很多幼儿在家中就有睡前听故事的习惯。在幼儿园午睡时,教师也可以为幼儿讲一些比较温馨、令人愉悦的故事。如果故事内容较多,也可以进行分段处理,在不同的时间里分别讲述。睡前讲故事时尤其要注意营造温馨、愉悦的氛围,包括微弱的光线、轻柔的语调、轻松的故事内容……使幼儿逐步放松,自然、愉悦地入睡。

(江苏省太仓市城厢镇幼教中心　谢玉兰)

49. 睡前多关注,"宝贝"藏不住

午睡时分,是幼儿园一天中最安静的时段,当幼儿进入休憩状态时,教师也往往放松了心情,放松了警惕。其实,宁静的背后有时也存在安全的隐患,稍有疏忽,午睡就会成为幼儿意外事故多发的时段。所以,在午睡时分,教师需要投入更多的精力,给幼儿更多的关注。

案例呈现

午睡时间到了,孩子们一个个钻进了自己的小被窝,丹丹老师也开始了午睡的巡查。她给爱踢被子的佳佳盖好小被子,提醒正在说悄悄话的陌陌停止说话,陪"不喜欢睡觉"的欣怡慢慢闭上眼睛,午睡室里渐渐安静下来。

"丹丹老师,铭铭手里有橡皮泥。"天天的声音在午睡室里显得格外清晰。丹丹老师赶紧走到铭铭床前,铭铭把小手攥得紧紧的,看见老师过来,嘴巴都紧张地抿了起来。丹丹老师笑着对铭铭说:"铭铭,你拿了橡皮泥吗?给我看一下

第七章 轻吟一首摇篮曲——温馨午睡时光

好吗?"

铭铭小心翼翼地张开小手,果然有一块橡皮泥躺在他的手心里。"铭铭是想玩吗?"丹丹老师问道。铭铭摇摇头说:"我想闻闻再睡觉。"原来是橡皮泥的香味吸引了铭铭,他想偷偷藏一块闻着睡觉。探明了铭铭的心思,丹丹老师说:"铭铭,这块橡皮泥很小,睡觉的时候闻容易吸到鼻子里,可危险了,先把橡皮泥交给丹丹老师保管,等会儿睡觉起来了,我们再把它送回橡皮泥盒里,好吗?"铭铭同意了,把手里的橡皮泥交给了丹丹老师。

关于橡皮泥的小插曲就这样过去了,这件事却引起了丹丹老师对午睡安全的再次关注。丹丹老师意识到,虽然在平时的午睡管理中,老师能注意多次巡查,可是由于孩子藏的物品都很小,一些安全隐患并不容易被发现。假如今天不是天天发现并且及时"告状"的话,也许就发现不了被铭铭攥在手心里的橡皮泥了。除了巡查,还有没有更好的方法能及时发现这类隐患呢?丹丹老师想到了以前和孩子们经常玩的"洗手"游戏:边唱《洗手歌》边做动作,唱完最后一句——"比比谁的小手最干净",孩子们都会把小手摊开,一起检查谁的小手最干净。

何不把这个游戏运用到午睡中呢?丹丹老师把《洗手歌》改编了一下:哗哗流水清又清,洗洗双手真干净,睡前便后要洗手,左手右手都干净。每次午睡之前,她都会和孩子们念儿歌,一起检查一下小手,不仅强化了幼儿的卫生习惯,还让私藏的小物品无处遁形。

不仅如此,在午睡室的办公桌上,丹丹老师还特意准备了一个小储物盒,储物盒有好多个小格子,每一格可以放不同的东西。每天午睡前,丹丹老师都会提醒孩子们:"找找你有没有'宝贝',如果有的话,快把你的'宝贝'送到储物盒里,一起来午睡。"漂亮的储物盒成了这些小物品们最好的存放空间,孩子们也乐于把自己的"宝贝"放到漂亮的储物盒里去。

小女孩头上漂亮的发夹、自然角花盆里装饰用的彩色小石子、衣服上亮闪闪的水钻、积木盒里彩色的小积木……成人眼中不起眼的小物品,很可能成为幼儿心中的"宝贝"。偷偷地藏一个,午睡的时候,带上自己的"宝贝"再偷偷地玩一会儿,是他们喜欢做的事情。玩着玩着,小"宝贝"可能就跑到嘴巴、鼻子、耳朵里去了。幼儿的安全意识与自我保护能力都较弱，这些夹带的小物品，往往会给他们带来危险，导致误吞、堵塞鼻孔、窒息等事故。

对于这样的现象，有经验的教师都会给予关注，特别是在巡查时，会留心幼儿是否夹带。但是由于幼儿人数较多，所藏的物品往往很细小，午睡时又有衣物、被子等遮挡，因此仍不免有遗漏。案例中的教师，不仅加强午睡巡查，还能从幼儿的心理特点出发，运用儿歌游戏、为"宝贝"安家等方式，引导幼儿进行自我检查并主动将小物品集中放置，使这些幼儿手中、口袋里的"宝贝"再也藏不住，减少了"藏宝贝"带来的安全隐患，防患未然。

除了藏起来的"宝贝"，在午睡过程中，还有很多因素也有可能导致安全事故。比如，不正确的睡姿、厚重被子的压迫、含在嘴里的饭菜、进食后过早午睡，等等。因此，在午睡巡查中，教师还需要注意其他的细节，比如及时纠正幼儿的不良睡姿；不让幼儿蒙被睡；经常检查幼儿的咽部、皮肤；摸摸幼儿的额头；问问幼儿的饮食；对生病的幼儿多加观察，了解其是否发烧等，以便随时掌握幼儿的午睡情况，以保证幼儿的午睡安全。

我们常说："安全是一，其他是零，只有一做保证，零才有意义。"在幼儿园日常午睡管理中，保证幼儿安全是教师首要考虑的问题，这不仅需要教师不断地提高安全意识，还要在管理中善用方法、正确引导。

（江苏省太仓市科教新城幼教中心　张丹）

50. 晒鞋子的学问

午睡前，孩子们要做很多准备工作，如厕、脱衣、铺床等，进进出出，忙忙碌碌。在这看似"乱哄哄"的表象下其实蕴藏着很多教育契机，细心而智慧的教师可以抓住其中偶发的现象，让午睡环节的教育价值不单停留在幼儿生活自理能力的培养上。

第七章 轻吟一首摇篮曲——温馨午睡时光

冬日的阳光暖洋洋的，趁着午睡时间让孩子们把鞋子拿到阳光下晒一晒，既能杀菌，又能让孩子们在起床时穿上干燥、暖和的鞋子，对他们的健康十分有利。孩子们也特别喜欢帮小伙伴晒鞋子，每到这个时候大家总是抢着做。为了避免孩子们争抢，教师建议两人一组轮流承担晒鞋子的任务。

今天轮到欢欢和小璐值日。看她们拿鞋子的方法，就能看出两人的不同性格。欢欢一双鞋一双鞋地往外拿，小璐则是千方百计地要一下子拿好几双，老师在旁边提醒："放的时候一双一双要看仔细喽，别搞乱了。"欢欢说："我不会弄错的，我是一双一双拿的。"小璐也不甘示弱："我也不会弄错，我看得出哪两只是一样的，要放在一起。"这时，老师给她们提了一个新问题："老师发现，每次小朋友来穿鞋子的时候，总要找好半天才能找到自己的鞋子，有什么好办法能比较容易地找到自己的鞋子呢？"欢欢想了想说："可以把男孩、女孩的鞋子分开放，男孩的放在门的左边，女孩的放在门的右边。"小璐认可了欢欢的办法，点点头表示同意，并提出分工合作的方法："你排男孩的鞋，我排女孩的鞋。"欢欢听了，马上附和道："好的。"看她们这么有默契地商量办法，看来这个问题难不倒她们。老师鼓励她们说："既然你们觉得这个办法可以，那就试试看吧。"

她们两人分别把男孩和女孩的鞋子分开，在分的时候不时地相互交谈着自己的发现：女孩子喜欢粉红色的鞋子，男孩子喜欢深蓝色的鞋子；女孩喜欢穿漂亮的靴子、皮鞋，男孩子更喜欢穿帅气的运动鞋……不多一会儿，欢欢那边出现了问题，她跑过去向小璐求救："你看，这几只鞋子是一样的，到底哪两只是一双呀？"小璐是个善于思考的孩子，她拿着鞋子摆弄起来，先把两只鞋子靠在一起，发现两只鞋子的头是顺的，又换另一只试一试，终于找到一左一右的鞋子，开心地交给欢欢："你瞧，这样不就行了。"欢欢接过鞋子，学着小璐找到了另一双鞋子，摆好了。晒鞋子的任务在小姐俩的合作下顺利完成了，不过，这种排鞋子的方法能帮助小伙伴们更快地找到自己的鞋子吗？还是要等孩子们睡觉起来才知道。

起床了，欢欢和小璐快速地穿好衣服，完成自理，然后好奇地观察小伙伴们穿鞋子的情况，还不时地提醒大家："男孩的鞋子在左边，女孩的鞋子在右边。"老师走上前去询问："你们觉得，男女鞋子分开放的方法怎么样？"欢欢说："挺好的，比昨天好。"老师追问："为什么？"欢欢边思考边回答："原来不知道自己的鞋子放在哪边，要到处找，今天只要找一边就行了。"小璐补充说："原来小朋友们要跑来跑去地找鞋，很乱，今天不乱了。"老师肯定了她们的想法："是的，这样做小朋友穿鞋更有秩序、更方便了。"

这时，琳琳拎着一只鞋子跑过来说："老师，这只鞋子不是我的，太小了。"看来，排鞋子的时候出了一些小问题。老师问："和谁换错了？"娇小的可可跑过来说："应该是我的吧，我的这只有点大。"老师故作疑惑地看着欢欢和小璐说："怎么回事呢？"欢欢不好意思地说："刚才没比大小。"老师点了点头："是的，每个人的脚是不一样大的，所以不单要找对左右，还要比一下大小哦。"

在我们的印象中，午睡更多的是关注幼儿的生活习惯和自理能力的培养，在这个案例中，教师独具慧眼地发现了午睡管理中蕴含的其他教育价值。在一个普通而平常的生活环节——晒鞋子中，幼儿获得了很多有价值的体验。

案例中，在教师的问题指引下，幼儿开始自主思考解决问题的方法并进行尝试，在此过程中，幼儿对鞋子的观察更加细致了，发现了平时不注意的小秘密，比如：男孩、女孩对服饰的不同喜好，这是对性别认识的有趣发现；幼儿对"双"的概念得到进一步完善，知道一双鞋子不仅要"花色样式"相同，还要满足"一左一右"、"一样大"的要求，幼儿通过观察、比较等实际操作提升了经验；他们对同伴更关注了，因为是自己想的办法，必定会关注结果，并且有了分析其内在因果的意识；小伙伴在共同执行任务的过程中相互协商、互帮互助、分工合作完成任务，是绝佳的社会性体验。在这个生活环节中，我们可以发现幼儿在解决问题的过程中经历了数学、科学、社会等多领域的学习，幼儿的思维能力与合作能力得到锻炼与提升。

《3—6岁儿童学习与发展指南》提出："关注幼儿学习与发展的整体性；在一日生活的各个环节中，注意各个领域的相互渗透与整合。"生活环节也不例外，在保证幼儿养成良好生活习惯、习得生活技能的同时，我们还应给予幼儿更多不同角度、不同领域的体验，促进幼儿身心全面发展。教师不应简单、片面地追求某一方面的发展，而要树立起教育的整合观，认识到幼儿的学习不是一条"单行道"，而是多重架构的"立交桥"。

（江苏省太仓市实验幼教中心　张颖黎）

51. 不要让午睡成为幼儿的负担

午睡是幼儿园一日活动中的重要环节，这一环节是基于幼儿的生理特点来安排的。幼儿的大脑皮层易兴奋，也容易疲劳，在活动半天后，幼儿需要休息方能有充沛的精力完成下午的活动。此外，幼儿处于生长发育阶段，在睡眠时他们的脑垂体会分泌生长激素，促进身体生长。因此，午睡是幼儿园一日生活中必不可少的环节。

然而，有时候午睡却成了幼儿的负担，给他们造成了很大的心理压力，面对这种情况，教师该怎么做呢？

最近，中班的同同因为午睡问题烦恼不已，原因是他连续一个多星期每天尿床。对此，班里的老师采取了一些措施，比如睡前会提醒他如厕，入睡一个多小时后会再次提醒他上厕所，但同同仍然每天尿床。老师将这一情况告知家长，家长也非常重视，并带同同去医院检查，检查结果显示一切正常。

一天中午，同同对老师说："我能不能不睡午觉？""为什么呀？"老师不解地问。"我会尿床的，妈妈要骂的。""没关系，如果今天再尿床，老师跟妈妈说，妈妈不会骂你的，你放心睡好了。"一边的保育员听到了马上说："同同，很多人小时候都尿床的，阿婆小时候也尿床的。""对，老师小时候也尿床的，这很正常，因为我们还小，长大了就不会这样了。所以你不要担心，放心睡，慢慢会好的。""如果尿湿了也没关系，阿婆会帮你洗得香喷喷，看这儿还有干净的衣服裤子，就放在你床上，放心大胆地睡吧。"说着，保育员就把备用衣裤放在了床头，于是同同安心地睡下了。

由于老师察觉到了同同的紧张和担忧情绪，所以当天的午睡时间没有叫他起来上厕所。午睡起床后，同同高兴地喊道："老师，我今天没有尿床，你摸。"当天放学时，老师又一次与家长进行了沟通，并建议他们以后不要再在同同面前提起尿床的事情，在幼儿园老师和保育员再也不提起，睡觉时也不刻意提醒他上厕所，即使尿床了，帮他换洗干净后也不会多加评论。就这样，一个月后，同同彻底不尿床了。

从上述案例中不难看出，同同尿床的原因并非生理问题，而是心理问题。心理上的压力来自于成人对他尿床的态度：教师发现他连续几天尿床后，非常重视，每天午睡前和午睡时提醒他上厕所；家长知道后，每天都会询问："今天有没有尿床？"一旦同同尿床，家长就会责怪、批评他。成人的这些态度和举动，实际上是在不断地强化同同的尿床行为，让他认为尿床是一件错事、坏事，因为尿床，老师会特别提醒他上厕所，爸爸妈妈会批评指责他，渐渐地他感受到了压力，内心产生了焦虑和些许的恐惧，午睡对他来说已经不是一件值得高兴的事，而是一个负担，因此他担心尿床而拒绝午睡。

所幸的是，案例中的教师和保育员及时察觉到了同同的害怕和担忧，调整了引导方式。首先，帮助他正确看待尿床一事，以每个人小时候都曾尿床的经历，让同同了解尿床并不是做错事，是很正常的，不必太自责、太担心。其次，以理解和体谅的态度帮助他缓解压力，如"尿床也没关系"、"会和妈妈解释"、"老师和保育员会帮忙换洗"等。这些措施都比较有效地缓解了他的压力。再次，教师指导家长以"淡化行为"的方式有效地消除了同同尿床的心理阴影，使他回到了正常的生活状态中。

可见，成人在面对幼儿尿床的问题时不能一味地批评和指责，而要努力地帮助他们，共同面对和解决这一问题。

（1）**分析原因**。幼儿尿床的原因有很多种，有的是生理的问题，有的是心理问题，如果是生理问题，要及时地医治；如果是心理问题，要寻找问题的根源，对症下药，予以疏导。但无论是生理问题还是心理问题，都会给幼儿带来不同程度的心理负担，对此，成人应给予更多的关心，多与幼儿交流，加强对幼儿的引导，消除幼儿的心理负担。

（2）**家园合作**。教师发现问题后要及时与家长沟通，双方共同关注，统一指导方法，这样有利于问题的解决。

（3）**学会等待**。教师要耐心地等待幼儿的改变，如案例中的同同，当教师采取了"淡化行为"的措施后，虽然同同偶尔还会尿床，但这并不说明这个措施没有用，也不代表他的尿床问题解决不了，只是他的改变和调整需要时间，要慢慢等待，给他足够的时间去排解内心的压力，逐步走出尿床的阴影。幼儿的成长需要时间，需要一个过程，教师切不可急于求成。

在组织幼儿午睡的时候，除了尿床，教师有时还会遇到有的幼儿怎么都睡不着，或是依恋某一物品等问题，对于这些问题，教师需要在分析原因的基础上灵活处理。比如有的幼儿因为没有午睡习惯而无法入睡，对于这样的幼儿，可以家园合作，通过一阶段的引导，帮助幼儿养成午睡习惯；有的幼儿是因为机体所需睡眠少而无法入睡，对于这样的幼儿，可以允许他比别人晚一点睡，让他先安静地看一会儿书，等感到困乏了再到床上，闭上眼睛休息，时间长了也许就能入睡；有的幼儿是因为身体不适而不能入睡，这就要求教师要加强巡视，发现异常及时处理。又比如，有的幼儿睡觉时喜欢抱个玩具睡觉，或是摸别人的眉毛、耳朵等身体部位睡觉，对于这些幼儿，可以先满足他们的需求，待幼儿适应幼儿园午睡后，渐渐地帮助他们把依恋的物品拿掉，把不良的午睡习惯改掉，当然这个过程有长有短，教师要耐心等待。

幼儿来自不同的家庭，有不同的睡眠经历和睡眠习惯，因此，也有各自不同的需要。教师在满足他们合理需要的同时，也要正视他们的特殊需要，予以理解、体谅，并有的放矢地采取措施，帮助他们逐渐形成良好的午睡习惯。不要让午睡成为幼儿的负担，真正发挥午睡的作用，促进幼儿的健康成长。

（江苏省太仓市艺术幼教中心　丁瑜）

52. 音乐唤醒，让"美梦"延续

科学家认为，人处在舒适优美的音乐环境中，身体会分泌一种有利健康的活性物质，悦耳的音乐能提高大脑皮层的兴奋度，可改善人的情绪，振奋人的精神。在幼儿园的一日活动中，音乐是必不可少的，从户外活动到吃点心，从午睡到离园，都有音乐伴随，这带给幼儿更多快乐的体验。这不，在幼儿起床环节，聪明的教师也用上了音乐。

 **案例呈现**

中二班的午睡室里静悄悄的，老师轻轻地沿着床与床之间的过道巡视。有的孩子悄悄地睁开了眼睛，有的孩子伸伸懒腰、翻翻身，还有的孩子欠起身子看看老师又躺下了。噢，午睡起床的时间马上就要到了，一些孩子醒了之后还是安静地躺在床上等待起床的信号。在听到10下"嘀嗒嘀嗒"的钟摆声后，午睡室里响起了轻柔的音乐声。这个星期播放的是旋律优美的《萤火虫》，因为班级里正在开展"有趣的昆虫"主题活动，孩子们对于各种昆虫都很感兴趣，当然也乐意听关于昆虫的歌曲。音乐声一起，一些已经醒了的孩子就跟着音乐轻轻地哼唱起来，一些半梦半醒的孩子也慢慢地睁开了眼睛。美妙的音乐将孩子们从美梦中唤醒，音乐停止的时候，大多数孩子不用老师提醒就自己下了床，开始穿衣服。

可是，老师发现鹏鹏还是懒懒地躺在床上不肯起来，平时就数他最喜欢赖床了。老师凑近鹏鹏说："宝贝儿，快点起床吧。"鹏鹏睡意朦胧地说："我不想听这个音乐，我要听黑猫警长……"老师笑了笑说："黑猫警长的歌曲明天早上老师放给你听，要是起床时放的话，会把鹏鹏吵得很不舒服，明天我们放一首小蝴蝶的歌曲，让小蝴蝶来叫鹏鹏起床好吗？""那好吧。"鹏鹏接受了老师的建议，慢慢地从床上坐起来，起床穿衣服。第二天，老师播放了一首由小蓓蕾组合演唱的《蝴蝶》，鹏鹏听了很陶醉，起床的速度比以前快了很多呢。

第七章 轻吟一首摇篮曲——温馨午睡时光

一般都认为,午睡起床更加偏重于保育这部分内容,教师和保育员也往往把重心放在幼儿穿衣、如厕等生活指导和管理方面,而忽视了幼儿起床时的情绪状态和情感需要。其实,午睡起床时用美妙的音乐来唤醒幼儿,是一个非常好的方法,它可以让幼儿有一个慢慢醒来的适应过程,使幼儿的情绪平和而愉快。那么,什么样的起床音乐适合幼儿的年龄特征,符合幼儿当时的情绪状态,能够受到幼儿的喜爱呢?

(1)**在音乐的选择方面,不能随意安排,想放什么就放什么,要根据一定的原则有针对性地挑选。**第一,要遵循好听、舒适的原则。好听,是一种听觉上的审美;舒适主要是指不嘈杂,也不过于轻缓,音量、节奏、速度等比较适中,因为到起床时间时并不是所有的幼儿都已经完全苏醒,太嘈杂的音乐会让那些还处在半睡半醒状态的幼儿感到烦躁,有的还会受到惊吓,而太过轻缓的音乐又达不到有效唤醒幼儿的目的。第二,要根据需要精心选择音乐。就如案例中提到的,教师可以根据课程实施的需要,结合主题活动的内容选择相应的起床音乐,而当幼儿对音乐提出异议时,教师可以根据幼儿的兴趣、想法对音乐做一些调整。教师还可以根据季节、节日的变化选择音乐,比如圣诞节期间就播放《铃儿响叮当》,既应景,又能让幼儿接触到多元化的音乐。

(2)**要充分发挥音乐的作用,不要只是把它作为"起床"的代名词。**一方面,要让幼儿从音乐欣赏中得到乐趣。比如案例中幼儿跟着《萤火虫》的歌曲轻轻地哼唱,就是一种快乐情绪的体现;还可以播放一些纯音乐,引导幼儿学会享受音乐,比如起床时播放《森林音乐会》,就可以引导幼儿想象"森林里都有哪些动物,它们在做什么"等,这样一来,即使幼儿的身体是躺在床上的,但是他们的思绪早已飘向远方幽谧的森林深处。另一方面,要让幼儿在欣赏音乐的同时得到艺术的熏陶。比如案例中在哼唱《萤火虫》时,其实幼儿对旋律、节奏都能有一些感受,而歌词中萤火虫那"小小的生命、大大的付出"的情怀也能够让幼儿有一种情感上的共鸣。到了大班之后,教师还可以选择一些世界名曲让幼儿在起床环节中静静地聆听、欣赏,这种艺术熏陶是一种潜移默化的教育,而且是其他形式的教育无法给予的。

还有几个小小的建议,这些也是在播放起床音乐时很容易被老师忽视的。第一,播放的音乐要让幼儿完整地欣赏,不要只放了一半,就督促幼儿"起床了,起床了",这样不但打断了幼儿欣赏音乐的"雅兴",还破坏了刚刚创设的舒适的起床氛围。第二,在音乐的选择上可以更精心一些,找一些从缓慢渐变到欢快的曲子,如帕格尼尼和班得瑞的一些音乐就比较适合。第三,"好"的音乐并不一定符合每一个孩子的欣赏要求,所以教师要经常更换起床音乐,不要整个学期都是"同一首歌",以免听到后来,幼儿渐渐麻木,对音乐失去热情。第四,教师一定要加强在音乐方面的修养,不断地补充一些新的优秀作品,这在一定程度上也有助于开阔幼儿的视野,丰富他们的音乐欣赏经验,提高他们的艺术审美能力。

在播放起床音乐的这个细节中,教师不妨就从"音乐唤醒"入手,让音乐把幼儿从梦境中唤醒,并且让那种舒适、快乐的情绪一直延续下去。

(江苏省太仓市浏河镇幼教中心　梅燕芳)

53. 学会放手,才是真爱

现在的孩子大多是独生子女,在"六对一"(即六个成人养育一个幼儿)的家庭模式下成长,过着饭来张口、衣来伸手的小皇帝、小公主般的生活。在成人过度的包办代替下,幼儿的生活自理能力不但得不到锻炼,还会让他们产生强烈的依赖感,一旦脱离家庭环境,生活适应就成了大问题。很多幼儿在进入中班后还不会自己穿脱衣服,特别是到了冬天,如果午睡起床后不及时穿好衣服,很容易着凉生病,因此增强幼儿的生活自理能力势在必行。

案例呈现

起床时间到了,孩子们揉揉惺忪的眼睛,准备起床。因为是冬天,为了防止孩子们着凉生病,老师和保育员总会以最快的速度给孩子们穿好衣服。可是,尽管如此,还是会有一些体弱的孩子因受凉而感冒或发烧。

一次起床后,芳芳老师发现平时不太会穿衣服的思思能自己穿衣服了。只见思思先将外套上的帽子戴在头上,然后左手握住毛衣使劲往袖子里一伸,又用了同样的方法将右手伸进了另一只袖子里,很快就把一件衣服穿好了。芳芳老师惊讶地走到思思身边,问道:"思思,你会自己穿衣服了,可真棒啊!你是怎么学会的呀?"思思笑了笑说:"是妈妈教我的。""把你妈妈教你的方法介绍给大家吧!"芳芳老师接着说。思思爽快地点点头,接着她开始示范起来,在她示范的时候,芳芳老师则担当了解说员:"戴上小帽子,握住小袖子,伸一伸,伸一伸,小手出来啦,钻一钻,钻一钻,小手出来啦!"每一个穿衣动作,芳芳老师都为孩子们现编了一句形象生动的儿歌,一些孩子听着听着就跃跃欲试起来。一会儿工夫,大部分的孩子都将衣服穿到了身上,虽然穿得有些费力,还有些"衣冠不整",但是孩子们深切地感受到了自己动手的快乐,并为自己学会了穿衣服而感到骄傲。

在后来的日子里,芳芳老师还尝试让孩子们自己编穿衣儿歌,比如"拉出小领子,扣上小扣子;钻进小山洞,用力拉一拉"等。幼儿穿衣服的难题迎刃而解,穿衣服不再是老师、保育员、孩子们的负担,而成为一种快乐的游戏。

上述案例中,教师通过细心的观察和敏锐的直觉化难题为乐趣。一首简单的穿衣儿歌,可能并不押韵,但生动形象且充满童趣,非常便于幼儿理解和操作,较好地激发了幼儿动手的欲望。有时候成人总下意识地认为幼儿还小,这个不行或那个不会,担心这个又忧心那个,使幼儿失去很多锻炼的机会。美国的幼儿教育和中国相反。就饮食方面而言,中国的孩子从早到晚都有人在后面追着喂吃的,而美国的家长、老师从不硬逼孩子多吃饭,美国的孩子从能够拿动勺子的那天起,就开始自己吃饭了,即使弄得满脸满身,成人也不会去管。家长、老师充分相信幼儿的能力,经过不断的尝试,幼儿的自理能力会得到提高,这一点非常值得我们学习。

从幼儿进入幼儿园的那一刻,教师就要相信他们完全有能力去完成一些简单的生活自理任务,只是有时候他们需要一些机会、一点时间和一些趣味,教师可以试着这样做:

(1)**多创造一些机会**。如果成人主观地认为幼儿不能独立完成某件事而包办代替,看似一片好心,实则剥夺了幼儿学习的机会,凡事如果不尝试或者没有坚持到底,就不会有提高与收获。所以,教师要尽可能多地为幼儿创造生活自理的机会,比如午睡前鼓励幼儿将自己的衣裤叠整齐,让幼儿相互合作学习拉拉链或扣纽扣等,使幼儿逐步形成"我知道"、"我会"、"我能"这样独立自主的意识。

(2)**多给予一些时间**。幼儿自理能力的提高需要机会,也需要时间,因为一些生活技能的习得需要反复练习。所以,教师不要责怪幼儿动作慢,更不要责怪幼儿总是学不会,只要他们愿意尝试,教师就应该给予鼓励,哪怕每天只是进步一点点,日积月累就是一个大跨越。等待幼儿的成长,就像等待花儿开放一样,不能急于求成,而只有在自然状态下开放的花朵才能散发迷人的香味。

(3)**多增加一些趣味**。很多教师会下意识地认为,生活自理就是教师手把手地教,不厌其烦地提醒与帮助,其实不然,这样不但教师累,幼儿也会失去学习的兴趣。要知道,幼儿都是好奇好动、喜欢新鲜事物的,所以,教师要做有心人,多从幼儿的角度去思考问题,试着创设情境,自编一些小故事,组织一些小比赛,评选一些小"劳模",那么幼儿的参与热情和积极性就会被充分地调动起来,他们的生活自理能力也会得到大大的提高。

(江苏省太仓市实验幼教中心 肖芳)

54. 散步亦散心,排队也好玩

散步,是午餐后、午睡前教师和孩子们放松身心、亲近自然的悠闲时光。散步和幼儿园一日活动中的其他环节不同,它没有规整的形式,也没有特别明确的目标指向,具有较强的开放性和随机性。教师组织得好,可以让这段时光恬然畅快,获得意想不到的教育效果;组织得不好,就会让这段时光索然无味。那么,如何才能让短短的散步时光充满趣味呢?

第七章 轻吟一首摇篮曲——温馨午睡时光

案例呈现

　　大一班的君君老师刚走上工作岗位不久，配班老师反复跟她强调，幼儿园工作，最重要的就是保证孩子的安全。班级管理要收，不能太放。

　　君君老师牢牢记着前辈的话。散步时，她总是要求孩子们整齐地排好队，避免出现互相推挤的情况。她总是提醒孩子在列队行进时脚步不要停留，要紧紧跟着前面的孩子。就这样，孩子们每天跟着她整齐地排好队，"快速顺利"地完成散步活动，而君君老师也为此而窃喜不已。

　　有一天，君君老师带着孩子们走过铺设着方形地砖的长廊，孩子们突发奇想踩着方形地砖跳起了格子。这一下队伍乱了套，君君老师连忙提醒孩子排好队，孩子们却置若罔闻。看着孩子们脸上的笑容，君君老师决定和孩子们一起玩。

　　"小朋友们，我们每人赶快找一个格子站好，这就是我们的家。"孩子们听老师这么说，赶紧四散开来寻找"家"。君君老师接着说："接下来我要唱歌，当我的歌声突然停止时，大家就要寻找新的格子，而且不能和别人找同一格。等听到我的拍手声，就说明游戏结束，赶紧排好队，好吗？"孩子们跃跃欲试。君君老师补充道："因为我们刚吃完饭，所以找格子的时候不能跳，要用走或跨的方式哦。准备好了吗？开始！" 10分钟以后，孩子们快速地排好队，愉快地交谈着，随君君老师回到了教室。

　　这次特别的散步以后，君君老师觉得，原来排队散步不光是走走看看，还可以更好玩。而这样的玩，因为有具体的规则，孩子都很愿意参与，是比较安全的。

　　第二天餐后散步时，孩子们刚一排好队，就有人提议："老师，我们还玩昨天那个游戏吧，很好玩的。"君君老师故作神秘地说："今天我们换个游戏，也很好玩哦。"君君老师让孩子们排好队，刚走出教室，就宣布："今天我们这架战斗机要飞出去巡逻，这架战斗机有机头、机身、机翼和机尾。"一边说，一边用手在队伍中示意飞机各部分，幼儿按照老师的示意分别站好。之后，君君老师开始下指令："现在低空飞行。"君君老师自己先蹲着往前走，孩子们见状纷纷蹲下。"现在高空飞行。"这回孩子们都踮起脚尖来。"我们要迅速下降，观察地面情况。

机头下降，机尾上升！"孩子们一听，赶紧回忆自己是飞机的哪一部分，应该做什么。队伍就在不同的口令中缓缓前进，孩子们兴奋而又认真，生怕没有听清老师的口令而影响飞行。散步结束时，孩子们还意犹未尽。

第三天，孩子们都催着君君老师赶紧去散步。君君老师笑着说："今天我们再换个游戏，我们把两排队伍变成四队，每一队的排头要玩剪刀石头布，赢了的队伍能往前走5步！看哪一支队伍能最快到达终点。"孩子们摩拳擦掌跃跃欲试。剪刀石头布的口令不断响起，孩子们全神贯注，四排队伍不断前进。君君老师又下令："现在每队中的第二个小朋友变成排头，来玩剪刀石头布，看看谁厉害。"孩子们不断地轮换，游戏有序进行，全班小朋友在不知不觉中散完步回到了教室。

以后的散步，君君老师经常问孩子们，怎么散步才好玩？怎么让排队更好玩？孩子们会给出自己的意见和看法。君君老师也通过组织散步活动感悟到了很多。

幼儿园的一日活动组织讲究节奏有疏有密、有收有放，散步活动无疑是幼儿放松、调整身心的环节。组织得当的散步活动，不仅能帮助幼儿消食，更能让幼儿以一份轻松、愉悦的心情迎接午睡。

案例中的君君老师是个刚毕业的新老师，出于对幼儿安全及便于组织的考虑，一开始对散步环节采取了高控的方式。一次偶然让她捕捉到了散步中的游戏契机，发现了幼儿感兴趣的散步形式。的确，机械地绕场一周走马观花似的散步，不仅无法让幼儿每天都兴致勃勃地参与，反而会造成幼儿东张西望、交头接耳的情况出现。而玩个游戏、加点情境，变"走"为"玩"，幼儿在玩中心情得到放松，为下面午睡时段的来临做好过渡。

除了案例中提到的组织散步的方法，教师还可以充分利用幼儿园的地形资源，如石子路、不同图案的地砖、山坡、花坛边缘等，丰富幼儿散步时"走"的内容，还可以利用报数前进、听击掌次数走步等游戏变化"走"的形式，让幼儿体验散步的乐趣。

台湾作家张文亮的《牵一只蜗牛去散步》中有这样一段文字：

上帝给我一个任务，叫我牵一只蜗牛去散步。我不能走得太快，蜗牛已经尽力爬，每次总是挪那么一点点。我拉它，我扯，我甚至想踢它，蜗牛受了伤，它流着汗，喘着气，往前爬……咦？我闻到花香，原来这边有个花园。我感到微风吹来，原来夜里的风这么温柔。慢着！我听到鸟声，我听到虫鸣，我看到满天的星斗多亮丽。咦？以前怎么没有这些体会？我忽然想起来，莫非是我弄错了！原来上帝是叫蜗牛牵我去散步。

带着幼儿散步又何尝不是这样，低头往前，容易错失身边美好的风景；换个心态、换种形式，就能体会和收获不同的精彩。

散步环节不仅是散步，更重要的是让幼儿散心。

（江苏省太仓市艺术幼教中心　吴颖颖）

55. 户外散步也精彩

散步活动是幼儿园户外活动的重要组成部分，在餐后的户外散步活动中，幼儿能充分接触户外的阳光、空气等自然环境，从而促进身体的健康成长。除以上作用外，在一日生活皆教育的幼儿园里，户外散步活动中还蕴含了很多教育的契机，只要利用得当，就能展现户外散步促进幼儿全面发展的教育功能。

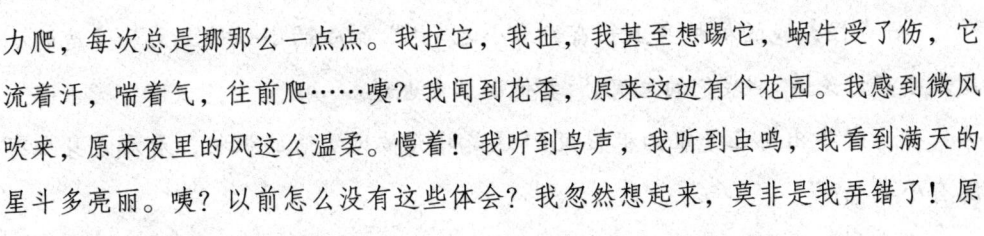

幼儿园种植园地里的枇杷开始成熟了，果实黄中透红。每次孩子们散步路过树下，都忍不住驻足观望。看懂了孩子们的想法，大一班的徐老师在征得园长同意后，决定在这天散步时带领孩子们采摘枇杷。

可以亲手采摘枇杷了，孩子们的兴奋溢于言表。听到徐老师说"每人只能摘一个"的要求后（还要留些给其他班采摘），孩子们就开始想办法了。在自己的努下和老师的帮助下，不一会儿每个孩子手上都拿着辛苦采摘的劳动果实——枇杷，围到了徐老师身边炫耀起来。

"好奇怪,我的枇杷身上长有好多小毛毛!"细心的小姑娘文文和旁边的小朋友小声讨论着。"我们的也有。"其他小朋友也说。

徐老师拿出自己手里的枇杷说:"这是昨天被风吹落的枇杷,看看它身上有没有小毛毛?"

文文仔细看了一下说:"徐老师的枇杷是光光的,是不是因为我们的枇杷刚采下来啊?"

"文文真是个细心的小姑娘",徐老师夸赞道。

调皮的东东在后面大声嚷着:"我的枇杷上有一点一点的麻点,和老师的脸一样!"

徐老师哈哈大笑起来:"老师脸上有那么多的麻点吗?你真会想象!"

孩子们都笑了起来。

"瞧,五角星!"佳佳像发现了新大陆一样大声叫了起来。

"我也有!我也有!"孩子们都嚷了起来。

"哦,枇杷上有五角星,我怎么没发现?它长在枇杷的什么地方?"徐老师问道。大家一起寻找,发现在果柄的正对面,赫然有一个小小的正五角星形果蒂,非常漂亮。

徐老师高兴地说:"吃了很多次枇杷,我都没有注意到,枇杷果蒂的形状很特别哦。看来,只要细心观察,就能有很多新的发现。"

"咦,为什么枇杷上面会有五角星呢?"冬冬提出了他的疑问。

"这个问题问得好啊,谁能回答冬冬的问题呢?"见没有人回答,徐老师说:"我们就留着这个问题,大家一起去寻找答案吧。"

"老师,我这个枇杷又圆又大,涛涛摘的那个好小。"龙龙举着自己的枇杷和涛涛的比较。

徐老师笑着说:"是吗?不知道是大的甜还是小的甜?"

龙龙得意地说:"肯定是我的甜。"

徐老师说:"尝过才知道哦。"

散步结束回到教室,徐老师和孩子们一起清洗、品尝枇杷。

只见龙龙咧着嘴巴,皱着眉头说:"为什么又圆又大的枇杷却好酸哦?"

第七章 轻吟一首摇篮曲——温馨午睡时光

涛涛小心翼翼地舔了舔自己那个又小又黄的枇杷说:"我的甜甜的!"

徐老师早就猜到了这个结果,说:"有的时候大的不一定比小的好,熟透的果实才甜。"

一次常规的户外散步,因为有了摘枇杷的活动而变得生动、有趣且富有教育意义。幼儿在观察、交流、互相解答中,得到了许多在教室里无法获得的知识经验。比如,他们知道了通过枇杷表皮有无细绒毛来区分枇杷是否新鲜;知道了果实成熟与否和大小无关;知道了枇杷的表面有麻点,底下有五角星形的蒂,这是区别于其他圆形果实的显著特征。在教师的细心引导下,幼儿还获得了一些学习的方法。比如,他们知道了只有细心观察才能有更多的发现;知道了要想了解真实的情况必须亲自尝试;知道了大自然蕴藏着无数神奇的秘密,激发了好奇心和探究兴趣。这次短短的散步活动的价值不亚于一次有意义的科学教学活动,幼儿在大自然中直接感知,获得了最真实的体验。怎样让户外散步活动更有意义呢?笔者有以下几个建议:

(1)**关于"语言"的小故事**。散步过程中看到各种场景,正是丰富幼儿词汇量的大好时机。教师在组织幼儿散步的过程中,在尊重幼儿的年龄特点和发展需要的基础上,可以有的放矢地进行语言类的随机学习活动。比如,在观察动植物的过程中,引导幼儿用一些词汇描述,如绿油油、金灿灿、高高低低、粗粗细细等,帮助幼儿在情境中感知、丰富语言。又如,教师可以应景应物朗诵优美的诗歌或散文,如"风儿你轻轻吹、树叶你轻轻摇……"帮助幼儿感受文学作品的优美意境。再如,可以举行故事讲演,在大树下讲讲《守株待兔》的故事,在草地上编个《三只蝴蝶》的新故事等,在听听、讲讲、编编的过程中发展幼儿的语言表达和创新思维能力。

(2)**关于"科学"的小故事**。散步活动,是幼儿亲密接触大自然的最好时机,在这个时段,教师可以带领幼儿演绎无数个有趣而又智慧的"科学故事"。比如,春暖花开时节,教师可以带着幼儿数数蔷薇花和虞美人的花瓣有多少,看看每朵花的花蕊,闻闻白兰花和栀子花的花香,瞧瞧竹林里的竹笋有没有钻出泥土;秋叶飘飘中,与幼儿一起捡一捡落叶,找一找爬山虎的"吸盘",挖一挖药草根,

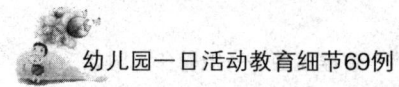

探一探蚂蚁的家在哪里;冬日暖阳下,带领幼儿观察冰凌融化,制造水雾彩虹,了解太阳与影子的关系。散步中的科学小故事将给孩子带来更多智慧的启迪。

(3)**关于"艺术"的小故事**。自然界的美是最纯净真实的,利用户外散步活动,教师可以有意识地带领幼儿感受自然、社会中的艺术小故事。比如:观察社区的建筑;用彩色糖纸欣赏多彩的世界;欣赏树皮的纹路,感受其独特的美;制作树叶小口哨;听听风声和鸟鸣等等。自由自在的艺术活动能够愉悦幼儿的身心,丰富幼儿的想象,激发幼儿热爱大自然的美好情感。

只要教师心中有目标、眼中有幼儿、用心组织、智慧演绎,户外散步活动也能成为一日活动中的精彩一环。

(江苏省太仓市新区幼教中心 袁迎春)

第八章

共谱家园协奏曲
——离园时间也精彩

儿童的时间应当安排满种种吸引人的活动,做到既能发展他的思维,丰富他的知识和能力,同时又不损害他青年时代的兴趣。

——前苏联著名教育家 苏霍姆林斯基

56. 问问猜猜，离园活动也出彩

离园时光是孩子们在幼儿园一天活动的结束，孩子们或跟着老师一起整理，或与老师谈话，或自由地在区角活动，等待着家人的到来。其实，在这短短的时间里，教师只要花点心思，换个花样，就可以让孩子意犹未尽，对明天充满期待。

案例呈现

离家长来接孩子还有几分钟时间，小雨老师给孩子们讲起了故事："今天讲一个《皇后的水果》的故事。夏天里，皇后举办了一场水果餐会，邀请大臣们一起来参加。大臣们都高高兴兴地吃着各种水果，可是皇后却什么水果也不吃。大臣问：'请问皇后想吃哪种水果呢？'皇后说：'你们猜猜看，但是只能问我三个问题。'有个大臣问：'它是什么颜色的？'皇后说：'红色的。'另一个大臣又问：'它是什么形状的？'皇后说：'圆圆的。'皇后提醒大臣们说：'现在你们只能问最后一个问题了。'一个大臣想了一想问：'它的皮摸起来是毛毛的，还是光滑的呢？'皇后说：'它的皮摸起来是刺刺的。'大臣说：'那一定就是荔枝了。'皇后说：'猜对了！'说完，她高兴地吃起了荔枝。"

故事一讲完，孩子们就兴奋地提议了："老师，这个故事真好玩，我们也来玩这个猜的游戏吧！"小雨老师笑着应允："好啊，那现在你们用三个问题，来猜猜老师喜欢吃什么蔬菜，好不好？"话音刚落，小朋友们就纷纷举起了小手。女孩蕾蕾第一个提问："老师，你喜欢吃的蔬菜是什么颜色的？""是橙色的。"小家伙们听到回答后开始交头接耳，很多人猜测是胡萝卜。男孩欢欢提了第二个问题："老师，它是什么形状的？"看来，孩子们在按照故事里的问题顺序提问。"是圆圆扁扁的。"小雨老师回答完，孩子们又开始思考了，圆圆扁扁的应该不是胡萝卜啊，会是什么呢？小雨老师提醒道："只剩最后一个问题了，小朋友们要想想

第八章 共谱家园协奏曲——离园时间也精彩

哪些蔬菜是橙色的、圆圆扁扁的,然后再提最后一个问题,可不能着急哦。"最后,小坤举手了,他问道:"它是不是有藤的?"小雨老师笑着点头:"是的,看来有人已经猜出来了,把它的名字说出来吧。"部分孩子回答:"是南瓜。"小雨老师对孩子们竖起了大拇指:"你们用三个问题就找出了老师喜欢吃的蔬菜,很棒啊。这个猜猜看的游戏怎么样,还有谁想来挑战吗?"孩子们开心地回应道:"好玩。老师,我来请大家猜。"

接着,小朋友们围绕着喜欢吃的零食、教室里的物品乃至喜欢的动画片,饶有兴趣地猜了起来,问题一个接一个。

在以后的离园活动中,孩子们总是要求玩提问的游戏。小雨老师还会不断地变化游戏规则,比如,提问后只能用是与不是来回答;除了猜物品,还可以猜同伴,描述同伴的特征;一段时间以后,小雨老师又请孩子们用"为什么"提问,把自己想知道的都通过问题提出来,知道答案的可以马上回答,不知道的可以离园以后寻求帮助,隔天再来回答。

离园是幼儿一日生活的尾声,而此时除了必要的整理、一日活动交流外,同样可以新奇有趣,愉快轻松。案例中的小雨老师就是用一个有趣的故事,引发了幼儿提问的热情,并且不断地调整提问的方式和内容,让幼儿能在离园的时光里享受提问的乐趣,分享更多的智慧。相信孩子们通过互相提问、回答会变得越来越善于提问,也会更加关注周围的事物。

在一日活动中,离园时光是幼儿较为轻松闲散的时刻。与其让这段时光在匆忙和平淡中度过,不如给他们一个兴奋点,让幼儿在离园后仍念念不忘。好奇、好问是幼儿的天性,也是幼儿成长和学习的方式,他们的小脑袋里总是装着数不清的问号。通常幼儿在集体活动中提问的机会并不多,而离园、自由活动这样的"小"环节,就是幼儿分享问题、积极思考的好机会。较之于集体活动,离园时间里幼儿提问的范围更广,自由度更高,幼儿能更为自主地提出自己感兴趣的问题,更为轻松、主动地参与游戏。这样的提问游戏可以促进幼儿的思维发展,也能引发幼儿对身边人、事、物的关注。

离园时间,每个年龄段的幼儿都可以有不同的提问内容和形式。年龄小的幼儿可以针对感兴趣的动物、食物、玩具、动画片等进行提问，可以用简单的"是什么"的句式提问，比如：会汪汪叫的动物是什么？然后，再慢慢地增加词语，让提问的句子变长，让幼儿在学会思考的同时学会表达。在进行语言表达的同时，幼儿还可以辅以动作，让提问更有趣味、更为形象；年龄大一点的幼儿则可以围绕一个主题，进行多角度提问，如自然角里的动植物、日常生活用品、幼儿感兴趣的各种科学现象等。提问的形式也可以更为多样，可以直接提问，也可以给出图片提问，还可以利用童谣、词语问题接龙提问。除了师幼、幼幼集体提问外，还可以请幼儿两两互相提问等。

幼儿的游戏、发展隐藏在一日活动的每一个环节中，教师应尽力挖掘，为幼儿的一日生活增添更多的惊喜和精彩，让幼儿享受更多的快乐成长好时光。

（江苏省太仓市艺术幼教中心　吴颖颖）

57. 说说你，说说我

离园，是幼儿在园一天的最后时刻，虽然时间不长，但还是可以开展很多有意义的活动，发挥其应有的教育价值。比如：做一次离园总结，为当天的活动做一回顾；组织幼儿进行自我评价或相互评价，帮助幼儿提升自我认识与评价能力。

就要离园了，孩子们在老师的组织下有序地做着一系列离园准备工作，拿衣物、玩具，检查衣着等，然后安静地等待家长到来，而无聊的等待让孩子们有些烦躁，于是他们开始自发地交流起来，活动室里"沸腾"了。张老师没有制止他们，而是顺势加入进去，听他们在聊些什么。

小旭是个健谈的孩子，他拉着小俊得意地说："我今天得了两朵小红花，你呢？"小俊听了小旭的话，情绪有些低落："我今天没有得到小红花。"看着小俊失意的样子，张老师心中有些不忍，难道让孩子带着消极情绪结束一天的活动吗？张老师想要帮助小俊，让他对自己一天的在园活动有个正面的评价。张老师拉着小俊的手对他说："小俊，没得到小红花并不是说小俊不好，小俊今天在幼儿园做了哪些开心的事情可以和朋友分享呢？"小俊想了想说："今天我和萌萌为绿豆、花生浇了水，还看到花生又长出两片小叶子。"张老师回应道："小俊真是个有爱心又聪明的孩子，不但细心地照顾植物，还发现了它们的变化。"小俊听了，眼角泛起笑意，他又高兴地说："老师，我还在散步的时候看到小兔宝宝的耳朵会转来转去。""你真是个会观察的孩子，发现了兔耳朵的秘密，真棒。"一旁的小旭也忍不住插入谈话："今天做数学，乐乐有道题不会做，我教她，她会了。"张老师马上回应道："小旭今天做了一回小老师，心里开心吗？"小旭得意地点点头。张老师对两个小家伙说："得到小红花当然很开心，但没得到小红花也不表示你今天做得不好，只要每天有让自己感到快乐、高兴的事情就行了。"

小俊和小旭关于"小红花"的谈话给了张老师启示，她决定在第二天不用"小红花"的评价方式，而是利用离园前的一段时间开展谈话式评价，让孩子们讲讲当天自己做的印象最深的一件事情，说说自己的看法。第二天，离园时间到了，张老师先给了孩子们2分钟的交流时间，然后组织幼儿以传话筒的方式个别表述，请孩子们一起来评价这件事，提出自己的看法。孩子们的想法还真不少，在交流中张老师也获得了很多关于孩子们的新信息，了解了孩子们的新想法。离园时刻变成了孩子们相互分享自己的成长故事与幸福的时刻。

在这个案例中，教师通过反思，认识到利用小红花评价幼儿的行为存在着一些弊端。当少数幼儿获得小红花时，大多数幼儿的积极性会受到打击；当每个幼儿都得到小红花时，又失去了小红花的激励作用。幼儿的评价能力是自我意识发展的重要体现，通常幼儿只会用"好"或者"不好"对自己做出单一的评价。红花榜的呈现是一种横向比较，展现出的是结果性的东西，幼儿在红花榜前不时地比较小红花的数量，会衍生出只看到小红花的"功利"心理，强化了"好"与"不好"的单一评价方式，对幼儿的社会性发展造成一定的负面影响。

幼儿的评价活动是幼儿正确认识自己、客观认识他人、树立自信、辨别是非的重要途径。评价应该针对事件发生的过程、处理问题的态度方式,而不应只关注结果。案例中教师把幼儿评价的重点从"小红花"转换到"事件",通过引导幼儿回忆、表述自己做过的开心的事帮助幼儿形成正面的、积极的、具体的评价,让幼儿感受到自豪感、成功感与幸福感,比"比比谁的小红花多"更有价值与意义。

引导幼儿针对某一事件相互评价、诉说想法,不仅可以鼓励幼儿大胆表达、锻炼语言能力,更重要的是教师还可以了解到幼儿辨别事件的能力与观念态度。这是一个很好的"就事论事"的教育素材,幼儿在讨论中发表观点,沟通认识,教师也能够在具体的事件中,对幼儿的是非判断能力及解决问题的方式等进行有效的引导。

离园时开展评价活动,让幼儿回顾自己当天做的有意义的、值得分享的"好事",可以让他们带着好心情结束一日活动,期待美好明天的到来。

(江苏省太仓市实验幼教中心　张颖黎)

58. 班级新闻大家"侃"

幼儿园里的每一天都是快乐的,也都是精彩的。怎样让身处其中的幼儿发现自己生活中的精彩、留住生活中的快乐,养成关注身边人、事、物的习惯,形成积极的生活态度呢?我们一起来看看下面这个案例。

案例呈现

幼儿园的一天即将结束,待孩子们整理好自己的衣物后,老师将"大电视"(用废旧纸箱做成的电视机轮廓)搬到了前面。原来是"班级新闻播报"时间到了,孩子们立刻安静了下来。

今天轮到悦悦和晨晨播报新闻,只见悦悦和晨晨拿着一张纸,站到了"大电视"的后面,他们先交头接耳说了几句,然后站直了身体说道:"大家好,我是新闻播报员晨晨。""我是悦悦。""你重新说,声音响一点。"晨晨对悦悦说。悦悦"嗯"了一声说:"我是悦悦。"这次声音响亮了很多。晨晨拿起小麦克风说:"今天的第一条新闻是,小宝带来了一个可以拖着走的厨房,里面有碗、有煤气灶,还有一个架子可以切菜,所以今天角色游戏区多了一个娃娃家。我们还可以像拖着旅行箱一样拖着这个厨房出去野餐。"晨晨说完,把手中的麦克风递给了悦悦,对悦悦说:"第二条新闻该你来播报了。"悦悦接过麦克风,先低头看了一下手里的纸,然后抬头看向大家说:"吃饭的时候,先是第三组得到了流动红旗,后来给了第四组。""为什么呀?"一旁的老师问。"因为第三组有一个小朋友把一整碗菜都倒掉了,所以第三组不能得到小红旗,第四组小朋友吃得很干净,也没有浪费,还比其他组的先吃完,所以流动红旗就给了他们组。""好了吗?"晨晨问悦悦,悦悦点了点头,于是晨晨拿过麦克风说:"第三条新闻是,我们自然角有一条蚕宝宝结茧了,蚕茧不是白色的,是黄色的,很奇怪吧。""这没有什么稀奇的,我们家的蚕宝宝结的茧也是黄色的,有三个呢,还有几个是白色的。"听着新闻的艳艳急忙发表自己的看法。"那为什么会有黄颜色的呢?我乡下阿婆家养的蚕都是白色的。"晨晨追问着。"这个我不知道,"艳艳摇摇头说,"不过我们可以回家后和爸爸妈妈上网找找答案。"

"两位新闻播报员,还有新闻吗?""没有了。"于是,老师向小朋友们提问:"今天哪条新闻你最感兴趣?"第一个举手的是田田,"我最喜欢第一条新闻,我今天还去玩了小宝带来的厨房,很好玩,谢谢小宝。""不用谢。"小宝笑着略有点不好意思地回答。"是的,我们应该谢谢小宝,两位新闻播报员找到了为我们班做好事的小朋友,这个新闻太有价值了。还有谁想来说说?"思奇站起来说:"我喜欢最后一条新闻,我妈妈说是因为吃了野桑叶所以蚕结的茧是黄色的。""新闻播报员发现了一个蚕宝宝生长的奇怪现象,太有意思了,这条新闻我也很喜欢。就像刚才艳艳说的,当我们不知道答案的时候,可以和爸爸妈妈去查一查资料,你的发现就会变成另一条新闻。今天先说到这里,请两位新闻播报员把你们的'报纸'放到阅读区,谢谢你们,今天你们找的新闻都很吸引人,两个人合作得很好啊。"晨晨和悦悦相视一笑,把"报纸"放到了阅读区的报纸架上。

这是大一班的离园活动，该班每天都有两名幼儿负责采集新闻，并用绘画的方式将自己找到的一天中的"新闻"记录在纸上，利用离园前的几分钟时间播报给全班幼儿听，渐渐地"新闻坊"成了该班班级文化的一部分。

　　对于负责播报新闻的两名幼儿来说，这是一次极好的锻炼机会。从案例中可以看出，晨晨很有主见，播报新闻时思路清晰、表述清楚，充满自信，还会照顾搭档悦悦，在两人的合作中起着主导作用。而悦悦相对胆小，面对全班小朋友说话时显得紧张，语言表达不够完整和清晰，在两人的合作中比较被动。"新闻坊"让能力比较强的晨晨有了关注、照顾、帮助小伙伴的机会，能有效地促进他的合作、协调能力；悦悦则有了在集体面前表达的机会，说话声从小到响亮，从表达不清到有序表述，悦悦在自我调整着，可见她不是能力不行，而是缺少锻炼。"新闻坊"给不同能力水平的幼儿搭建了一个平等的锻炼平台，在这个平台上，没有"好"与"坏"的评价，只有小伙伴们的注视、聆听、称赞和相互的探讨，这有助于激发幼儿关注周边事物、信息的兴趣，有助于促进他们独立思考、大胆表达、树立自信心。

　　对于听新闻的幼儿来说，这是一个拓展和丰富经验的机会，也是一堂生动的"爱班级、爱同伴"的情感教育课。小宝的移动厨房，引发了幼儿分享与感恩的情感；蚕宝宝的结茧问题，激起了幼儿对探索动物秘密的兴趣；流动红旗的发放，引起了他们对班级常规的关注。播报结束后的小听众互动环节，让幼儿对新闻中涉及的问题和现象有了进一步探讨的机会。类似的经验日积月累，将丰富幼儿的生活、情感，激发幼儿的求知欲，对他们的学习与发展起着积极的促进作用。

　　除此之外，还有一项内容教师应引导幼儿做细，那就是制作"班级新闻报"。每天的新闻播报员把搜集到的班级新闻用简单的图画记录下来，制成简易的报纸，然后在每天的报纸上标注日期，逐渐累积，汇总成周报、月报，供幼儿随时翻阅，或定期回顾"几月几日班级里发生了什么事情"，以增强幼儿对时间概念的感知，感受记录的乐趣和幼儿园生活的快乐。

　　班级新闻大家"侃"，给幼儿创设了一个宽松、愉悦的分享交流氛围，并促进了他们语言、认知、交往、合作等多种能力的发展，也使因时间短而被忽视的离园环节变得更充实、更有价值，"小"时段发挥了"大"作用。

（江苏省太仓市艺术幼教中心　丁瑜）

59. 每日一画，离园时间巧安排

离园时分，是幼儿园一天活动的结束，这个环节，时间很短，内容却琐碎，往往在忙乱中被教师所忽视。其实，只要教师巧妙地组织，也可以让离园的琐碎变成井井有条，让无聊的等待变成精彩的期待，让短暂的时光变成有价值的活动，在日积月累中促进幼儿的发展。

当悠扬的萨克斯曲《回家》在耳边响起时，幼儿园的一天又进入尾声。孩子们在张老师的组织下做着离园前的准备，井然有序中快速地完成着各自的"工作"。离放学还有5分钟的时间，回到座位上的孩子，开始用期待的目光追随着张老师，因为每天这个时候，张老师都会给大家带来一个惊喜。

今天的惊喜会是什么呢？早有准备的张老师打开了电视屏幕，一幅漂亮的"水墨画"展现在孩子们的眼前。

"哇！真漂亮，是谁画的呀？"

"我来找找上面有哪些颜色和小线条。"

"我找到小桥了。"

"我觉得有很多很多树，像在跳舞一样，真美呀！"

……

在孩子们七嘴八舌的议论声中，张老师娓娓道来："孩子们，这是一幅水墨画，是用我们用过的毛笔、墨和颜料画出来的，画这幅画的，是我们中国很有名的一位画家——吴冠中爷爷。从这幅画上，我们看到了很多，也想到了很多，今天我们一起来看看这幅画上的线条，这些线条让你想到了什么？"

"像迷宫。"

"我想到了风筝线。"

"我觉得像爬山虎。"

"呵呵,真像我妈妈的头发。"

……

看来今天的惊喜让孩子们很感兴趣,张老师继续介绍:"这幅画上线条的变化可真多,我们每个人都能有不同的发现。吴冠中爷爷是一个使用线条的高手,他还会运用点点和很多美丽的颜色,他还画了很多美丽又特别的水墨画,明天我们再来看看,也许会有更多的新发现哦。"

接下来的几天里,每天张老师都会给孩子们带来一幅吴冠中爷爷的水墨画,孩子们自由欣赏、讨论、交流,不仅对水墨画这一绘画形式产生了浓厚的兴趣,对美术作品的欣赏能力也在不知不觉中得到了提升。

离园环节虽然涉及的内容十分琐碎,包括收拾整理、分发物品、自我评价等,但当幼儿已经形成良好的离园常规,并随着年龄的增长,能较快速地完成这些内容时,即使是时间很短的离园环节,也会多出一些等待的时间。这个时间,说长不长,有的教师会觉得无所事事,就让孩子在座位上安静地等待;有经验的教师则会组织孩子做一些离园小活动,如手指游戏、才艺表演等,也不失为有效的方式。

本案例中的张老师,则运用了"每日一画"的方式来组织活动,将原本离园环节中零散的时间利用起来,每天和孩子一起欣赏一幅美术作品,这样做不仅避免了幼儿的消极等待,久而久之还提升了幼儿的艺术欣赏能力,充分挖掘了离园活动的价值。其实,"每日一画"也可以再拓展:这个月的主题是水墨画,下个月的主题可能是格子画;这个月的主角是吴冠中,下个月的主角也许变成了蒙德里安;这周关注的重点是线条,下周的兴趣点也许就是色彩。正是在这种自由、灵活的欣赏中,幼儿追随着兴趣去发现、去关注,慢慢积累起美术欣赏的经验。

张老师的做法值得借鉴,我们可以举一反三,从张老师的做法中得到更多的启发,让零散的离园时间发挥出不一样的作用。

(1)*活动内容上的丰富*。教师可以根据自己班级的实际情况和孩子的兴趣特点,将"每日一画"改为"每日一歌"、"每日一诗"、"每日一成语"、"每日一故事"等,把孩子们感兴趣的内容转变成活动的主题;也可以将活动的内容不断延伸、深化,比如每日一歌,可以让孩子用不同的方式来演唱歌曲,可以请孩子介绍自己喜欢的歌曲,可以将节奏、音乐欣赏、表演等不同的内容囊括进去等。教师还可以把活动内容与自己班级的特色相结合,设计阶段性的活动,在积累中凸显班级特色。

(2)组织形式上的变化。比如"每日一画",除了引导幼儿欣赏外,还可以让幼儿来画一画、讲一讲、辩一辩;比如"每日一成语",除了让幼儿听听成语故事外,还可以组织幼儿表演、观看成语动画片段、玩成语组句游戏等。在活动的前期可以以教师的策划组织为主;到了中期,就可以尝试让幼儿慢慢地参与组织活动,比如以小组合作的形式负责一天的介绍;到了后期可以和幼儿提前确定主题,让幼儿自己收集资料,独立进行介绍。

"一日活动皆课程",幼儿园的教育蕴含在一日活动的每个环节。因此,作为一日活动的最后环节——离园环节,也不仅仅是幼儿告别老师、同伴和离开班级的环节,只要我们善动脑筋、巧安排,离园活动也会别有精彩。

(江苏省太仓市科教新城幼教中心 张丹)

60. 给孩子一点"整理"的时间

日本的小朋友从入园的第一天起,就要带上若干个大大小小的包,包括书包(是幼儿园统一发放的)、装毛毯的包、装餐具的包、装衣服的包、装备换衣服的包、装换下来衣服的包、装鞋子的包,并且要求A包要有多少厘米长,B包要有多少厘米宽,C包要放在D包里,E包要放在F包里。经过一段时间之后,幼儿就会对此驾轻就熟,从而可以非常有条理地分门别类收拾物品,这对幼儿形成良好的社会秩序及养成有序的生活习惯是大有益处的。整理物品,是对幼儿自我管理能力的早期培养。从刚开始的手忙脚乱到逐渐变得井井有条,是幼儿的成长经历,是个体得到发展的必由途径。

案例呈现

夕阳西下，幼儿园快乐的一天即将结束，家长们早已在园门口排队等候。

中一班的教室里，孩子们有的在午睡室，有的在活动室，而教师则淡定地关注着每一个幼儿。就快放学了，教室里看上去还有点"乱糟糟"，教师怎么就不着急呢？原来，每到离园前的5分钟，是中一班幼儿自主整理衣物、玩具的时间，他们要为回家做好充分的准备。

只见楠楠小朋友拿好自己的小背包，然后把放在储物柜里的外套、毛绒小熊一样一样地放进去，最后拉上背包的拉链。没想到，拉链拉到一半时卡住了，楠楠使劲地继续拉，但是没有用，她转头看到了旁边在整理图书的阿林，于是就对阿林说："阿林，你能帮我把拉链拉一下吗？"阿林拿起背包仔细地"研究"了一下，就发现了问题所在。"有毛卡住了拉链，我来帮你，别着急。"阿林说完，就很熟练地把拉链先倒回去拉一下，再把背包里的毛绒小熊使劲地往里摁了摁，拉链一下子就拉上了。楠楠连忙说："谢谢你，阿林，你真厉害，像巴布工程师！"阿林笑了笑，骄傲地说："我以前也遇到过这个问题，是老师教给我这个方法的。"

欣欣小朋友正在认真地穿外套，只见她将外套在桌上摊平，把袖口抻直，然后拎起领口往后甩在肩膀上，两只手麻利地配合着一拉一伸，衣服就服帖地套在身上了。在扣纽扣的时候，欣欣把纽扣与扣眼的位置对错了，但是很快她就发现了错误，马上重新扣，当她把扣子全部扣完后得意地拍了拍胸脯，很满足的样子。

旁边的丹丹正在整理自己带来的图书，她朝挂钟的方向看了一眼说："哦，还有3分钟的时间，我还可以看一会儿书呢。"丹丹把其他几本书麻利地放进了自己的背包，拿起一本《芭比公主》看了起来。

日本幼儿的生活自理教育给了中国幼儿教师很多启示，那就是幼儿长大后会成为什么样的人，取决于他们从小受到什么样的教育，得到什么样的锻炼。反观中国的教育现状不免让人担忧，小班幼儿中不会自己吃饭、穿衣的大有人在，更

第八章 共谱家园协奏曲——离园时间也精彩

别提自己拿那么多包包了。《3—6岁儿童学习与发展指南》提出："4—5岁的幼儿能整理自己的物品，5—6岁的幼儿能按类别整理好自己的物品。"只要教师有意识地给幼儿提供一些生活自理的机会，在一些细节处给幼儿更多的自我管理的机会，幼儿的自理能力就会得到提高。

案例中呈现的是离园前幼儿整理自己的物品、做好回家准备的场景，从很多细节处可以看出，幼儿在这看似短暂的时间里是能够做好基本的整理工作的，这也足以说明幼儿自我管理的潜能是很大的，只是平时家里有长辈呵护，幼儿园里有老师和保育员照顾，缺少锻炼的机会，这在某种程度上限制了幼儿自主发展的空间。当然，离园前留给幼儿多少整理的时间还要视年龄、季节不同而定。小班幼儿动手能力、自我管理能力较弱，需要教师更多的帮助，整理的时间可以适当长一点；中、大班幼儿随着自我服务、自我管理能力的增强，整理的时间可以逐渐缩短；冬季幼儿衣物、服饰较多，要多留一点整理的时间。

那么，幼儿在学习整理物品、学会自我管理的过程中，还会获得哪些发展呢？下面就来简单地分析一下。

一方面，能够培养初步的时间观念，知道在这一段时间里"我"应该做好哪些事情，完成哪些任务。特别是到了中、大班，教师可以引导幼儿自己看时钟，把握好自己整理物品的时间与速度，这样的习惯一旦养成，会让他们终生受益。

另一方面，幼儿在自我管理的过程中，并不只是局限于自我的成长与认知，还包含与同伴互动、互助中的学习。就如案例中提到的，在整理物品的时候，幼儿免不了会遇到这样那样的问题，有的问题幼儿能够自己解决，而有一些则需要外界的帮助，这在无形中就增加了幼儿与同伴的交往互动，为他们良好的社会性发展创造了条件。

幼儿的自我管理并不局限于离园这一时间段，还涉及一日活动的多个环节，而且自我管理的内容也并不仅仅是整理衣物、玩具这么简单，还涉及更深层次的自我情绪的管理。案例中的楠楠在拉拉链时遇到问题，她的情绪受到影响，变得紧张、无助，而得到同伴的帮助解决问题后，她的情绪马上调整过来，还不忘夸赞自己的朋友。

其实，幼儿的自我管理实施起来并没有想象中的那么复杂，如果教师能在日常生活的细节中敏锐地发现契机,更细致地引导幼儿,再加上家长的协力配合,那么幼儿的生活自理能力时时处处都有可能得到提高。

(江苏省太仓市浏河镇幼教中心 梅燕芳)

61. 亦师亦友,真情沟通

家长是幼儿的第一任教师,当他们亲手把孩子交给幼儿园的时候,就意味着家园合作开始了。要想赢得家长的信任,让他们放心地将孩子交给教师,并成为幼儿教育的支持者、合作者,教师对家长的尊重、理解必不可少。然而,平时教师与家长的接触只有早上来园和下午离园时间。早上来园时因为家长赶着上班,总是很匆忙;离园时刻,家长们相对来说有比较充足的时间,教师应抓住这宝贵的时间,用亲切平和的态度与家长交流以获得他们的信任、支持与配合。

离园时间到了,已经一天没有见到孩子的家长们早就守候在班级门口,都想第一时间接到自己的孩子。为了安全地将孩子交到家长手中,也为了更好地与家长沟通,芳芳老师和配班老师还有保育员早有准备,两位老师分别站在教室前后两个门口,以便视线能同时兼顾孩子与家长,保育员则留在教室内照看孩子。教室门打开,家长们逐个从前门进入,然后有序地从后门走出,这一进一出就是芳芳老师和配班老师与家长进行简短交流的宝贵时间。

与平时胆子比较小的阳阳道别时,芳芳老师会主动地对阳阳爸爸说:"今天游戏时,阳阳和小朋友一起表演,扮演了《狐狸和乌龟》故事里聪明的乌龟呢,真的很棒哦。不知阳阳在家时情况怎么样啊?""是呀,最近他特别喜欢和小区里的小朋友一起玩呢。"阳阳爸爸脸上露出了会心的笑容。

告别了阳阳,妮妮的奶奶牵着妮妮的手来到芳芳老师身边问道:"老师,今天妮妮午饭都吃完了吗?""哦,今天妮妮没有把所有的饭都吃完,但是比昨天

第八章　共谱家园协奏曲——离园时间也精彩

吃得多了一些，还吃了很多蔬菜。"听了芳芳老师的回答，奶奶满意地点点头，并对妮妮说："明天争取把饭都吃完，得一朵小红花！""老师相信妮妮一定能做到的。"芳芳老师说完，妮妮使劲地点了点头。

这时，冬冬的妈妈牵着冬冬的手准备离开，芳芳老师赶紧招呼冬冬妈妈："冬冬妈妈，今天下午冬冬下楼梯的时候摔了一下，膝盖上蹭破了点皮。"冬冬妈妈看了看孩子的膝盖说："哦，一点小问题，没事的。""可能是走楼梯的时候和小朋友碰了一下，下次我们一定注意。我们已经给他消过毒了，回家洗澡的时候你们要注意下，别弄湿伤口，不然会发炎的。"芳芳老师接着说。"好的，班级孩子多，我们可以理解的。冬冬平时也挺调皮，麻烦你们了。冬冬，和老师说再见！"说完，母子俩牵着手有说有笑地回家了。

这时，芳芳老师突然发现一直由保姆接送的玲玲，今天是由玲玲妈妈来接的，于是赶紧招呼玲玲妈妈："玲玲妈妈，好久都没见你来接孩子了，最近孩子上课总是揉眼睛，影响了上课，你先坐一下，等孩子接得差不多了，我们再详细聊。"玲玲妈妈听了点了点头。

这是离园时教师和不同家长进行交流的场景，给人的感觉特别温馨、愉悦。家长年龄、性格、职业、受教育程度不同，教师与之交流的方式也有所不同。像阳阳的爸爸，不太会主动和老师交流，但其内心非常渴望了解孩子在园的表现，所以教师主动与其交流孩子在园、在家的情况。有些家长性格直爽，会大方地与教师交流幼儿在园的情况，就像妮妮的奶奶，会直截了当地向教师了解幼儿在园的用餐情况，这时候，教师要耐心地回答家长，给予积极的回应。有时，幼儿在园受了点小伤，或者和小朋友有了一点小纠纷，教师要第一时间与家长交流，让家长了解事情的来龙去脉，并感受到教师对孩子的关爱，千万别等到家长来找教师问原因时再解释，那样家长心里会感到不舒服，教师也会很被动。像案例中的芳芳老师，因为主动、真诚地向冬冬妈妈说明冬冬膝盖磕破皮的情况，冬冬妈妈很快地理解了老师。对于一些三言两语说不清楚，或者一时来不及和家长交流的问题，可以请家长等一等，或者另外约时间和家长交流。在幼儿的一日生活中，教师一定要细心观察、了解每一个孩子的活动情况，善于发现孩子的变化或问题，这样教师与家长交流时才会有话可讲，才能在解决问题的同时赢得家长的信任。

与家长的交流和沟通需要一定的技巧和艺术，更需要教师用情用心，将心比心，这才是真正赢得家长信任的关键所在。那么怎样在这个快节奏的时代，更好地与家长交流、沟通，达成教育共识，共同促进幼儿的发展呢？

（1）**用亲切俘获，传递亦师亦友的感觉**。幼儿喜欢亲切的教师，家长也一样。亲切是一种态度，也是一种感觉。亲切的态度能打消家长的一些顾虑，使他们敞开心扉与教师沟通；亲切的感觉能拉近家长与教师间的距离。教师可以试着和家长谈谈生活中的所见所闻，也许彼此能找到很多共同点；也试着做家长的忠实听众，认真地聆听并适时给予一些教育指导或建议，这远比一本正经的说教更容易让他们接受。

（2）**揉入幽默元素，化解彼此的尴尬与矛盾**。生活是需要趣味来点缀的，家长是普通人，教师也是普通人，人与人之间难免会有尴尬与矛盾，如果处理方式或措辞不当，很容易激化矛盾，其实，一点小小的幽默就能很好地化解。比如当家长发现幼儿的鞋子穿反找教师反映时，教师千万别说自己太忙了没看到，不妨试着幽默一下："哎呀，小脚睡错了房间，今天老师成大马哈鱼喽，以后一定看仔细。"这样一来，不但把幼儿逗乐了，家长也会跟着会心一笑，问题轻松得到解决。

（3）**巧用通信工具，打破时间与空间的限制**。现代社会生活节奏很快，教师可能没有很多时间坐下来与家长深入地交流，但现代社会也是一个信息社会，QQ、微信、手机短信这类信息交流方式相信大家并不陌生，这些通信工具较好地打破了家园沟通的时间与空间限制。利用好这些通信工具，在一定程度上会让家园沟通更加顺畅、有效。在QQ群里，教师不要一言堂，也不要以"忙"为理由不与家长互动。QQ群的好处就是能够保留大家的留言，教师空闲的时候一定要看一看，你会发现家长们谈论的话题很多都值得深入探讨。与此同时，别忘了一一解答家长的疑问，随时将幼儿一日活动中的细节与家长交流，这样他们会更加放心。

（江苏省太仓市实验幼教中心 肖芳）

62. 离园聊天室，家园沟通新天地

教师和家长之间的关系应该是理解、支持、信任、合作的关系。但是，在实际工作中，由于双方缺少沟通而产生矛盾和误解的情况也不少。那么，如何建立有效的家园联系桥梁，使教师和家长之间的情感沟通和信息交流更为顺畅，使一些矛盾和问题及时得以解决呢？班级离园聊天室的建立或许可以给我们一点启示。

案例呈现

在愉快的"老师再见"、"小朋友再见"声中，幼儿园一天的时光又临近尾声，小一班的孩子们都迫不及待地奔向家长的怀抱。

"走，找你们老师去，怎么可以这样对我们宝宝。"正在整理教室，准备第二天教学具的丁老师，听到教室门口传来一阵吵闹声。

"怎么回事？"丁老师连忙走到教室门口。

只见教室门口围了一群家长，而新班主任小李老师正向阳阳的奶奶解释："阳阳奶奶，阳阳的学号真是随机分配的14号，不是我们老师欺负他特意给他的。"

"哼！为什么14号不给别的孩子，偏偏给我家阳阳？你们老师就是偏心。"阳阳奶奶大声说着。

"就是啊，孩子的学号你们老师是怎么分的啊？"旁边的其他家长附和着。

原来是为了孩子学号的事情。丁老师连忙走过去说："阳阳奶奶，别着急，什么事情和我说说。"丁老师一边说一边请阳阳奶奶走进了"班级离园聊天室"，并随手挂上了"请勿打扰"的牌子。

"离园聊天室"是小一班教师为了方便离园时和家长沟通，将班级储物间改造而成的。聊天室内放置一张圆桌，几把椅子，主要是供教师与离园时早早来接幼儿的家长或有特殊需要的家长谈话和交流信息所用。在聊天室里，家长可以和

不带班的教师聊聊孩子的情况，谈谈自己的需求，教师也可以听听家长们的想法，了解各个家庭的生活习惯。当然，有时聊天室也是解决家园矛盾的一个"隔离"场所。

进入聊天室，丁老师安排阳阳在旁边搭积木，拉着阳阳奶奶坐了下来。阳阳奶奶气呼呼地说："就是你们看我们阳阳开学身体不好没来，才把挑剩下没人要的14号给了他，这个号码不吉利，我们不要！"

丁老师笑着说："奶奶，小朋友的学号可都是根据小朋友的报名顺序，由电脑自动生成的哦。再说小李老师可喜欢阳阳了，前段时间阳阳没来，李老师几次打电话问候，这两天阳阳来园后李老师每天都帮助他学习新的儿歌，吃饭、睡觉时也特别照顾阳阳，哪里欺负阳阳了呀？"

说着，丁老师蹲下来问阳阳："阳阳，李老师是不是很喜欢阳阳呀？"

阳阳点了点头。

"那你喜欢小李老师吗？"丁老师继续问阳阳。

"喜欢。"阳阳说。

阳阳奶奶听到丁老师和阳阳的问答后，情绪渐渐稳定下来，但仍嘟囔着说："阳阳身体一直不太好，14读起来就是幺四，不吉利嘛！"

看到阳阳奶奶理亏的样子，丁老师笑着说："谁说的呀，现在都说14是多发（音符的读法），吉利着呢。阳阳奶奶，阳阳体质弱，你放心，我和小李老师平时会多关心他的。"

听到这里，阳阳奶奶气消了，见丁老师这么说，也不好意思地说："我以为号码是家长自己选的，又着急孙子的身体，没有怪老师的意思……"

丁老师说："没关系，老人最宝贝的就是孙辈，我们理解。以后如果有什么事情，只管跟我们老师说，可以到这个聊天室里聊一聊，让孩子在幼儿园里健康快乐地生活是我们共同的心愿。"

阳阳奶奶这才放心地拉着阳阳的手，和老师道了"再见"离开了幼儿园。

在随后几天的家长会上，小一班的两位教师就幼儿学号的安排作了说明。

离园环节通常是教师和家长沟通和交流的时间。有时候，教师会碰到一些一时说不清的问题，这时就需要有一个地方供教师和家长坐下来详谈。小一班的"离园聊天室"就为教师和家长进行沟通提供了一个很好的场所。案例中，面对阳阳奶奶情绪激动、很多家长围观的情况，丁老师及时把阳阳奶奶请到聊天室，坐下来倾听阳阳奶奶的想法，解释幼儿学号安排的方法。教师真诚的话语使阳阳奶奶的情绪逐渐平复下来，最后打消了心中的猜测和顾虑，放心地离开了幼儿园。

要用好聊天室，教师还必须制定相应的"聊天室公约"，借助聊天室这个平台，推进家园沟通工作。教师可以做以下一些"约定"：

（1）**离园前10分钟进入**。离园前10分钟，早来的家长在不打扰幼儿活动的情况下，可进入聊天室休息。不带班的教师在聊天室跟家长聊聊孩子在园的情况，向家长了解孩子在家的情况，倾听家长的意见和需求，为班级开展家园共育做好信息储备。

（2）**言论自由，但不讨论、不传播不健康的信息**。不带班的教师要做好谈话引导工作，谈话内容要围绕幼儿展开，包括家庭教育信息、亲子交流方法、幼儿健康饮食等。同时，教师围绕幼儿园近期开展的活动，以教育建议、活动方案等形式，张贴在聊天室，以听取更多家长的意见。

（3）**有需要时，可根据话题开展群聊或私聊的活动**。聊天室设置公示栏——"和您有约"栏目，教师可针对一些热点话题，在聊天室内开展有主题的群聊活动，或者针对幼儿的特殊情况，邀请家长私聊约谈。每次活动的时间、内容公示在"和您有约"栏目表上，以方便家长了解并积极参与。

（4）**营造安静的谈话环境**。当聊天室正在处理一些重要问题和特殊事件时，可挂上"请勿打扰"的牌子，以便教师和家长有个安静的谈话环境。比如上述事件中，丁老师约阳阳奶奶进入聊天室谈话，一方面避免了情绪激动的家长在门口吵闹造成不良的影响，另一方面也避免了家长为了面子而固执己见，从而使事件得到妥善处理。

在教师和家长互相理解、沟通、合作的基础上，"离园聊天室"也将成为离园活动时开展家园共育的一道亮丽风景。

（江苏省太仓市新区幼教中心　袁迎春）

63. 离园安全细关注

幼儿园安全问题一直是教师、家长和社会特别关注的话题。而离园时刻，伴随着大批家长的涌入，校园变得格外拥挤和嘈杂，再加上幼儿离园前特别容易兴奋、浮躁，更是容易引发安全问题，需要教师和家长格外关注。

案例呈现

离园时间到了，奇奇和张老师简单告别之后，拉着妈妈的手就向操场走去。咦，那不是乐乐吗？他正在玩滑滑梯呢。奇奇见了马上说："妈妈，我也要玩滑滑梯，我要和乐乐一起玩。"

正好，乐乐和奇奇住在同一个小区，两个妈妈本来就认识，于是奇奇妈妈带奇奇走了过去。于是，塑胶操场上，两个小伙伴兴高采烈地玩起了滑滑梯，两个妈妈也聊起了天：你们家孩子每天吃什么？在家玩些什么？平时听不听话？双休日上不上兴趣班……同龄的妈妈间总是有说不完的话题。

聊着聊着，奇奇妈妈突然发现，原本在滑滑梯上欢呼跳跃的两个孩子，此刻已没了身影。会不会是自己看花了眼？乐乐妈妈也一起围着滑梯寻找起来，一边还大声地叫着孩子的名字，可还是没有找到孩子。这一下，两个妈妈着急了。"会不会回教室拿东西去了呢？"赶到教室一看，里面只有张老师一个人正在关门窗。"孩子不见了！老师你有没有看见？"一看到张老师，奇奇妈妈就着急地问起来。"怎么了？孩子不是刚才被你们接走了吗？发生什么事了？"看着惊慌失措的两个妈妈，张老师急忙问道。于是，两个妈妈把事情的经过简单说了一遍。

孩子走丢了——张老师一下子意识到了事态的严重性。还好，这段时间不算长，孩子或许还在幼儿园里。张老师立刻给门卫打电话，询问他们有没有看到两个孩子单独出园门。当得到否定的回答后，张老师稍微松了一口气，马上和两个妈妈兵分三路，在幼儿园里找起来。

第八章 共谱家园协奏曲——离园时间也精彩

幼儿园去年异地新建,园舍一下子大了很多,孩子们会在哪儿呢?张老师开始回忆两个孩子最近的表现。哦,对了,前几天幼儿园饲养角里新添了两只小兔,孩子们特别喜欢,今天中午散步路过时乐乐还拔了一棵小草悄悄地去喂小兔。他们会不会在那里呢?张老师来到园后果树林边的饲养角一看,两个小家伙正蹲在兔笼前,拔了几棵小草在喂小兔吃呢。张老师马上通知了他们的妈妈。

这是发生在幼儿离园时的一个真实事例,幸好这件事最后有惊无险,但由此而引发的离园时的幼儿安全问题应该引起我们的关注和思考。

从案例中可以看出,家长和幼儿的安全意识都非常薄弱。在幼儿园这样一个相对封闭和安全的环境里,家长容易麻痹大意,以为接到孩子了就没事了,而幼儿是比较好奇、好动的,为了满足自己的喜好往往会做出一些不合理的事情。所以,加强家长和幼儿的安全意识极为重要。一方面,教师可以通过家长园地、班级网页、短信、面谈等方式向家长宣传安全知识,用形象直观的安全故事和安全案例提醒家长树立安全意识,并学习一些突发事件的正确处理方法,以增强家长应对意外事故的能力。另一方面,要加强对幼儿的安全教育。教师可以结合幼儿生活中的、身边的具体事例进行及时有效的引导,比如就上述幼儿离园后走丢的事例,第二天可以引导幼儿讨论,说说走丢后可能的后果,讲讲如果走丢了应该怎么做,最关键的还是要让幼儿知道,家人来接后,不能离开家人一个人乱跑,更不能独自走出幼儿园。教师还要结合不同年龄段幼儿的特点有针对性地开展安全教育。比如对于小班幼儿,可借助动画和情境表演等帮助他们了解哪些事情是危险的,是不可以做的;对于中班幼儿,可利用小故事、儿歌、图片等进行安全知识宣传,逐步帮助幼儿树立自我保护的意识;对于大班幼儿,可以借助情境开展各种自救方法的大讨论或演习,使幼儿具有初步的自我保护能力。

幼儿园也要进一步加强离园安全管理。全体教职工必须时刻绷紧安全这根弦。一方面,行政人员和保健老师可以组建安保队轮流值班,离园时加强巡视。因离园时人员流动大,教师要提醒家长尽可能带幼儿即刻离园。即使留在园内短时游玩,也要加强看护,提醒幼儿不追逐打闹,不让幼儿离开自己的视线,防止摔伤、走失等意外事故的发生。另一方面,要加强保安人员的责任心和安全意识,严格按照规范的程序履行职责，守好幼儿园大门，杜绝幼儿独自离园现象发生。教师也要密切关注幼儿的言行，防患未然。另外，幼儿园还可根据实际情况规定离园清场时间，当"回家"的音乐声响起时，请家长主动带幼儿及时离园。

幼儿园安全无小事。《幼儿园教育指导纲要（试行）》明确提出："幼儿园必须把保护幼儿的生命和促进幼儿的健康放在工作的首位。"离园时间虽短，但安全工作不容忽视。教师和家长必须付出更多的细心和耐心，密切关注幼儿的言行，使幼儿在安全的环境中愉快地结束幼儿园一天的生活。

（江苏省太仓市城厢镇幼教中心 谢玉兰）

第九章

活动环节巧衔接
——轻松来过渡

要解放孩子的头脑、双手、脚、空间、时间,使他们充分得到自由的生活,从自由的生活中得到真正的教育。

——中国现代著名教育家 陶行知

64. 一日生活中的"音乐驿站"

过渡环节是幼儿一日生活中不同活动之间的衔接转换，起着承上启下、调节幼儿身心的作用。过渡环节虽然比较自由、闲散，但内容很多，包括如厕、盥洗、喝水、自由活动等，需要教师在短短的时间里采取适宜的方式，引导幼儿自主、有序地活动，为过渡到下面的活动做好准备，这时指令、信号尤为重要。怎样利用信号有效地提醒幼儿接下来要做的事情，帮助幼儿形成良好的时间观念和规则意识，是值得教师探讨的一个话题。

案例呈现

用音乐组织幼儿的一日活动已经不是一件新鲜事，不过每个班级都有不同的特色和方式。瞧，大一班的孩子们早早来园，在悠扬的轻音乐中开始了一天的生活。舒缓的音乐有利于稳定幼儿的情绪，幼儿来园后，在音乐的陪伴下愉快地进行着自己喜欢的活动，有的为植物浇水、为动物喂食，有的和小伙伴进区游戏，有的和好朋友聊天。

晨间锻炼时间到了，户外操场上响起了轻快有力的《玩具进行曲》，提醒各班幼儿准备户外体育锻炼。幼儿对这段音乐已经非常熟悉，听到音乐后自觉地收拾起游戏材料，在老师的组织下排好队准备到户外运动。和来园音乐不同，晨间锻炼音乐充满动感、活力十足，激发了孩子们的运动激情。

运动结束后，孩子们要进活动室稍作休整，如厕、盥洗、喝水、享用点心。大一班的老师把几段有明显特征的音乐组合起来，幼儿在音乐的引导下分组如厕、盥洗，忙而不乱。音乐中还插入了洗手的儿歌，适时提醒幼儿正确的洗手方法。在教师的指导下，每个幼儿都能安静、有序地用完点心，进入各区自选材料自主游戏，教师则和几位小组长准备集体教学活动的材料。

教师弹奏了一曲轻快的《欢乐颂》，孩子们自觉、快速地整理起玩具，教师

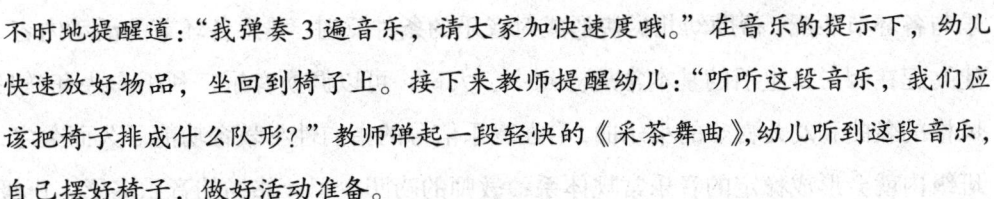

第九章 活动环节巧衔接——轻松来过渡

不时地提醒道："我弹奏3遍音乐，请大家加快速度哦。"在音乐的提示下，幼儿快速放好物品，坐回到椅子上。接下来教师提醒幼儿："听听这段音乐，我们应该把椅子排成什么队形？"教师弹起一段轻快的《采茶舞曲》，幼儿听到这段音乐，自己摆好椅子，做好活动准备。

在午餐与午睡环节，教师播放轻缓的音乐，音乐让幼儿的情绪趋于安静，为午餐与午睡活动营造了温馨、宁静的氛围，幼儿在音乐的感染下安静地进餐、入睡。

离园时间到了，幼儿园里响起离园活动的音乐，教师组织幼儿整理物品、交流一天的活动，做好离园前的最后准备。

幼儿的一日活动在优美的音乐声中开始，在悠扬的音乐声中结束。

过渡环节是衔接幼儿一日生活中各个活动的站点，虽然时间紧，却是"一日课程"中不可或缺的一部分，对一日活动的有序组织和幼儿良好习惯的养成有着重要的影响。教师应充分认识到过渡环节的重要性，考虑全面，特别要注意各方面细节，妥善处理。

班级常规是幼儿在园有效、有序活动的基本保证。让班内所有幼儿对班级常规有认同感，乐意遵守和执行，需要教师的智慧。音乐有动人的旋律、多元的风格、多样的变化，可以引导幼儿欣赏、辨识，以此作为环节过渡、常规要求的信号，比单纯的语言提醒、语音口令和铃声提示更容易被幼儿接受。因此，把音乐作为组织一日活动的信号是一个好方法。

优美的音乐能够制造气氛，影响人的情绪，为不同的活动寻找与之匹配的不同风格的音乐，如动感的、舒缓的、轻快的、安静的，不仅能够帮助幼儿稳定情绪，明确要做的事情，起到辅助各项活动有序进行、提升活动质量的作用，而且能够让幼儿生活在音乐声中，生活在美的环境中。

音乐信号不仅适合在班级范围内使用，还可以扩展到幼儿园。对于一些相对集中的环节，如来园、午餐、离园等环节，可以由园部统筹安排各环节活动的音乐信号。

由于幼儿的年龄特点、认知经验和发展水平不同，幼儿的音乐常规建立也需要体现不同的层次。小班可以从幼儿喜欢的动物入手，选择有鲜明特征的动物音乐与各环节匹配，帮助幼儿尽快形成对音乐的条件反射，熟悉各环节的活动内容，建立起在园一日生活的基本常规。到中、大班，可以调换音乐，利用一些有鲜明风格的名曲和幼儿喜欢的小乐曲，增强音乐信号的指向性与教育功能。久而久之，班级内就会形成稳定的音乐常规体系，教师的唠叨少了，悠扬的音乐多了，班级氛围也变得更宽松、宁静、有序了。

（江苏省太仓市实验幼教中心　张颖黎）

65. 在"纠纷"中成长

在幼儿园中，幼儿之间经常会发生冲突、矛盾，"纠纷"可以说贯穿着幼儿的一日生活。教师在处理这些纠纷时，常常以"平息"为目的，较少考虑对幼儿的影响。其实，纠纷并不一定是坏事，如果教师能用专业的眼光去分析问题，并且耐心倾听，理性引导，就可以让幼儿在处理纠纷的过程中获得成长。

案例呈现

上午集体教学活动结束后，大二班的孩子们像一条条自由的小鱼，在教室里"游曳"开来。他们有的三五成群地给娃娃梳妆打扮，有的两两相对研究着新接触的"挑花绳"游戏，还有的聚在一起玩"转陀螺"。

乐乐带来一本"找不同"的游戏书，一下子吸引了不少小伙伴的目光，大家围在乐乐周围，一起找了起来，不时发出"找到啦"的惊叫声。铭铭玩了一会儿陀螺，也跑到乐乐这边来。人有点多，铭铭看不清楚书上的画面，就把站在旁边的冉冉往外拉，自己用力挤进去。冉冉挤不过铭铭，急得哭了起来，小伙伴们纷纷指责铭铭。

丹丹老师听到孩子们的争吵声走了过来，她没有生气，也没有急着批评，而是询问事情的前因后果。听完孩子们的讲述，丹丹老师大致了解了事情的经过，她开始分析孩子们在这个事件中的行为：铭铭是个脾气有点急的孩子，他因为急于看到书而采用了不恰当的方式,缺少和同伴友好交往的技巧;乐乐是个大方的孩子,他带来了大家都喜欢的书,可以帮助他试试找到其他好方法与更多人分享;冉冉胆子比较小,面对欺负只能用哭来发泄,可以帮助他寻找一些应对欺负的方法;其他孩子也可以参与到事件的讨论中来,分析事件原因,为同伴出谋划策,学习解决问题。

于是,丹丹老师设计了一个"我和朋友一起玩"的谈话活动。就上述事件,引导孩子们为同伴想方法,以帮助他们更好地应对这类事情。孩子们议论纷纷,有的为铭铭找到了等待一会儿的办法;有的为乐乐找到了把书放在桌子上一起看的方法;还有的给冉冉鼓劲:"我的力气大,下次谁挤你,我来帮你。"虽然孩子们的想法还很幼稚,但是他们都能用积极的态度去面对"纠纷",尝试自己来处理实际问题。

丹丹老师又和三个孩子进行了交流,引导他们面对这类问题时自己找办法。比如铭铭可以试试用自己的陀螺和乐乐交换,或者和冉冉交换,让冉冉把位置让给自己;乐乐可以把书给老师复印,做成活页书,与更多的同伴分享;冉冉遇到别人"欺负"自己时,要勇敢地表达自己的想法,实在不行可以找同伴和老师来帮忙……

这是发生在幼儿园一日活动过渡环节中常见的幼儿纠纷,是由一本大家都喜欢的游戏书而引发的。教师敏锐地看到了这件看似普通的纠纷中蕴含的教育价值,抓住问题,及时生成了集体谈话活动,引导幼儿从中学习一些基本的社会交往技巧。在处理这一常见纠纷时,教师不是将重点集中于"发生了什么事",而是关注了"从这件事中幼儿可以学些什么",体现了教师的专业素养。

"能与同伴友好相处"是《3—6岁儿童学习与发展指南》中社会领域的发展内容,在5—6岁幼儿发展指标中,提出了"与同伴发生冲突时能自己协商解决;知道别人的想法有时和自己不一样,能倾听和接受别人的意见,不能接受时会说明理由;不欺负别人,也不允许别人欺负自己"等具体的行为指标。本案例中的教师,将冲突变为动力,利用化解纠纷的契机较好地促进了幼儿上述社会性的发展。其可供借鉴之处主要有以下三个方面:

（1）**耐心倾听**。当事件发生后，教师不急于裁定，而是认真倾听幼儿的讲述，了解事情的前因后果，全面掌握情况。在处理问题的时候，教师还能引导幼儿进行分组讨论，启发幼儿自己分析问题、解决问题，自己则充当倾听者、引导者的角色。

（2）**细心分析**。对不同幼儿在事件中的行为进行细致的分析，与他们的性格、以往行为做比较，以做出合理的判断，并提出发展的预期。

（3）**理性引导**。对不同的幼儿采用不同的引导策略：对铭铭，鼓励其与同伴商量，学习协调等交往的技能；对乐乐，鼓励其拓宽思路，寻找避免冲突的方法；对冉冉，则帮助其学习应对欺负的方法。

由于幼儿的认知水平较低，缺乏独立解决问题的能力及行为判断能力，他们在活动、交往的过程中很容易遇到问题，当问题发生时，他们往往寻求教师来裁决。因此，在幼儿园里教师每天都会遇到很多类似的纠纷，并为此花费大量的时间和精力。如果教师对纠纷置之不理或处理不当，不仅影响师幼关系，还会对幼儿的性格、品质等发展造成不良的影响。其实每一个纠纷都可以成为一次教育的契机，正如丽莲·凯兹博士在《与幼儿教师对话：迈向专业成长之路》一书中所说的，"问题的重点并不在于要怪罪谁，而在于我们能在这个事件中教给他们什么"。作为专业的幼儿教师，当幼儿发生冲突时，首先应该考虑的是幼儿的发展，就像案例中的教师一样，化矛盾为契机，运用适当的技巧来解决纠纷，给予幼儿正确的指导，这样不仅顺利地解决了纠纷，更让幼儿在纠纷中得到了成长。

（江苏省太仓市科教新城幼教中心　张丹）

66. 面对"搭末班车"的孩子

每个班总会有那么几个"搭末班车"的幼儿，集体教学活动马上就要开始了，大家都回到座位了，可他们还在游戏区中迟迟不回，在活动室的某个角落里流连忘返。怎样帮助这些"搭末班车"的幼儿适应集体活动的节奏，养成守时的好习惯，这需要教师在观察的基础上有的放矢，因材施教。

第九章 活动环节巧衔接——轻松来过渡

 案例呈现

进入大班下学期，随着幼小衔接各项活动的开展，孩子们的区域活动内容更丰富了。有的孩子拿出了自己的彩色画笔，邀一两个好友画了起来；有的孩子取出自己心爱的图书，津津有味地翻阅着；有的孩子下起了围棋、飞行棋；还有的孩子选用了游戏区中的磁力珠、夹子等玩起了造型游戏……区域活动的气氛和谐、愉悦，孩子们都非常投入。

十几分钟后，琴声响起，老师对孩子们说："赶快把玩具收好，等琴声一停，你们都要回到座位上。"这时，有的孩子立刻整理起了自己的物品，向同伴借用的赶紧归还，从游戏区里拿的，整理好后急忙放回，而有的孩子仍然沉浸于游戏之中，对琴声置若罔闻。一分钟后琴声停了，有一半的孩子已经整理好自己的物品，坐回到椅子上，而另一半孩子，有的还在整理，有的左顾右盼，还有的仍在玩，没有半点停下来的意思。

此时，在一旁整理书包的洋洋显得十分着急，他正拿着两本大绘本用力往书包里塞，但似乎有东西卡着，塞不进去，于是他把书放到地上，再把书包里的铅笔盒、故事书、水彩笔等倒出来。他先将铅笔盒放进去，又将水彩笔放进去，再放小书，最后放大绘本，这一次还是不能顺利地把绘本放入书包。"咦，怎么还是塞不进去？"另一个孩子小希早已将自己的物品整理好，当他走到自己的座位时，回头看了看还在整理的洋洋。于是，小希又转了过去，走到洋洋身边说："你还没整理好，这本书我看过。"说完他又走向正在整理的小庆："哈哈，我已经好了，你真慢。"就这样他在活动室里走来走去，直到老师说"请整理好的小朋友都坐到椅子上，没有整理好的，也先坐回来，等一会儿再整理"，他才慢慢吞吞地坐回到椅子上。待大家都坐下后，教师发现还有一把椅子空着，环顾活动室，教师发现小志还在阅读区认真地翻阅着。"小志、小志，快坐回来了。"教师连续叫了三声，小志才抬起了头，看了看大家，放下书一步一回头地坐回了座位。

在从自由活动向集体活动过渡时，"搭末班车"的幼儿还真不少，都是因为他们没有守时的意识吗？在不守时的现象背后隐藏着什么样的原因呢？下面我们结合案例来作简要的分析。

洋洋，在琴声停止后变得很焦急，用力地往书包里塞东西，随后把物品倒出来重新整理，口中不停地抱怨，表明他有守时的意识，但是不会整理自己的物品，这影响了他及时回到自己的座位上。和他有相同情况的幼儿不在少数，琴声停止后有一半幼儿仍然在整理，这说明两点，一是教师留给幼儿的整理时间过短，二是部分幼儿的整理方法不够科学合理，如洋洋不分物品大小随意往书包里塞，给整理造成了很大的困难。而小希则恰恰相反，他有足够的能力快速整理好自己的物品，但见大家都没有归位就随意走动，确实是缺乏守时的意识。迟迟不归的小志因对阅读的浓厚兴趣而忽略了一切，包括守时的要求。

由此可见，幼儿不守时的原因有很多，既有主观因素，也有客观因素。这其中，有教师的管理问题，如给幼儿整理的时间过短（只有1分钟），对幼儿缺乏指导等，导致很多幼儿无法在短时间内完成整理工作；有幼儿的兴趣问题，面对自己感兴趣的事，注意力很难转移，不能及时地转入下一时段的活动中；有幼儿的能力问题，包括完成某一任务的能力以及自我控制的能力不足。因此，当幼儿没有在规定时间内做好相应的事情时，教师绝对不能简单地批评、责怪他们，而是要在观察分析的基础上调整要求，并有针对性地对幼儿加以引导。

（1）*自由活动结束时要给幼儿留出足够的收拾整理时间，并给予指导*。在自由活动时，幼儿会自选一些玩具、材料玩，收拾、整理这些玩具、材料需要花费一些时间，所以，教师要预计到幼儿所需的大致时间，保证绝大部分幼儿可以在整理时间内完成。对于个别动作慢、拖拉的幼儿，可以早一点提醒他收拾整理。教师可以播放音乐作为信号，这样可以留出时间指导幼儿整理物品，督促个别幼儿及时收好玩具，准备进入下一个环节的活动。

（2）*让幼儿熟悉一日活动安排表，了解不同时间段的活动内容*。教师可以将幼儿的一日活动安排用图文并茂的方式布置在教室里显眼的地方，便于幼儿随时查看。对于中、大班幼儿，可以让他们参与作息表的制作，加深他们对一日活动安排的印象，做到各环节过渡时心中有数，有所准备，避免被教师牵着走。

（3）*在日常管理中渗透科学的整理方法*。比如对于活动室内的各类物品，

第九章 活动环节巧衔接——轻松来过渡

用标记表明摆放的位置，每新增一种材料，要和幼儿共同商讨摆放位置和整理方法。组织幼儿开展"学会整理"、"我是整理高手"等活动，丰富幼儿科学整理的经验，提高幼儿整理物品的能力。

（4）**个别引导，满足幼儿合理的兴趣需求。**教师可以与因为兴趣问题不能守时的幼儿个别交谈，首先肯定其合理的兴趣需要，然后和他一起分析还有哪些时间段也可以用来做自己感兴趣的事，让他明白下一时间段所要做的事情也很重要，帮助他学会合理地利用时间。

（5）**适时探讨，帮助幼儿树立正确的是非观，逐步改正不守时的习惯。**针对一些缺乏自控能力不守时的幼儿，教师可以以故事、案例分析的形式，组织幼儿讨论、评价，了解不守时所造成的不良影响和后果，帮助幼儿树立守时的意识。教师在日常活动中要经常提醒、督促幼儿，引导幼儿自我调整，逐渐养成守时的好习惯。

（江苏省太仓市艺术幼教中心　丁瑜）

67. 手指游戏趣多多

幼儿园一日活动过程中包含多个环节，环节与环节之间的过渡时间虽然短暂且零散，但不容忽视。教师如果能好好利用这些时间，就能较好地稳定幼儿的情绪，让他们有事可做，并且这些"事"是他们喜欢的，没有任何负担。幼儿一旦有了自己喜欢做的事情，注意力就会相对比较集中，这非常有利于良好班级常规的养成。与此同时，班级氛围、师幼关系、幼幼关系也会变得更为和谐。

孩子们在用餐前，就有一段过渡时间，经历了一个上午的活动，这时候孩子会很活跃。有些孩子坐不住了，开始东瞧瞧西看看；有些孩子开始和好朋友讲话，声音由小逐渐变大；有些孩子虽然有较强的自控能力，但是在这样的氛围里也会

不由自主地被带动起来。于是，整个班级沸腾了。

　　这一天，又到餐前准备时间了。芳芳老师来到孩子们面前，举起一只手说："孩子们，你们看像什么？""像大嘴巴。""那谁的嘴巴长长的、大大的，又有很多尖利的牙齿呢？"芳芳老师接着问。"鳄鱼！"孩子们大声地回答。芳芳老师又举起另一只手，动一动五个手指头然后问："五个手指头代表一种最爱吃桃子的小动物。"话音还没落，娜娜就说："是小猴子。""答对了，想知道小猴子和鳄鱼之间发生了什么有趣的事情吗？"孩子们使劲地点点头。于是，芳芳老师便边念儿歌边做动作："五只猴子荡秋千，嘲笑鳄鱼被水淹（伸出右手五个手指左右晃动），鳄鱼来了鳄鱼来了，啊呜啊呜，一只小猴子被吃掉了！（左手大拇指和其余四个手指做鳄鱼嘴巴上下开合，从左往右移动，"吃掉"右手一个手指）四只猴子荡秋千，嘲笑鳄鱼被水淹（伸出右手四个手指左右晃动）……"这时候，孩子们都兴奋起来，连平时很难进入学习状态的阳阳也加入到手指游戏中来，每吃掉一只猴子，孩子们都捧腹大笑，但大笑过后就又很默契地开始"吃"下一只猴子了。"猴子都'吃'完了，该吃什么了呀？"芳芳老师指指桌子上香喷喷的饭菜，孩子们心领神会。以后，每次用餐前，孩子们都会主动要求玩手指游戏，在其他过渡时间，他们也会自发地和小伙伴玩这样的游戏。渐渐地，孩子们学会了很多手指游戏，如《金锁银锁》、《虫》、《两只小鸟》、《牵牛花爬高楼》、《你是我的心肝宝贝》、《手指操》、《猜猜在哪头》等，玩的过程中，个个都非常专注、投入。

　　手指游戏一般都会伴随朗朗上口的童谣，童谣的基调或风趣幽默，或激动人心，或悬念重重，能较好地吸引幼儿的注意，调动他们参与游戏的热情。上述案例中，教师很好地利用了手指游戏，在短暂又容易让人忽视的过渡时间较好地稳定了幼儿的情绪。经过长期的坚持与积累，幼儿学会了不少手指游戏，不仅小手变灵活了，语言能力也得到了提高，还潜移默化地促进了良好班级常规的形成，可谓一举多得。从另一个角度来看，随着人们生活水平的提高，家长们总是花钱给幼儿买这样或那样的玩具，有些玩具价格不菲，可是玩几次幼儿可能就失去了兴趣，扔在一边不再问津；而手指游戏，只要伸出10个手指头就能玩，简单、经济又灵动，对于幼儿手部小肌肉的锻炼、认知能力、想象力、表现力、语言表

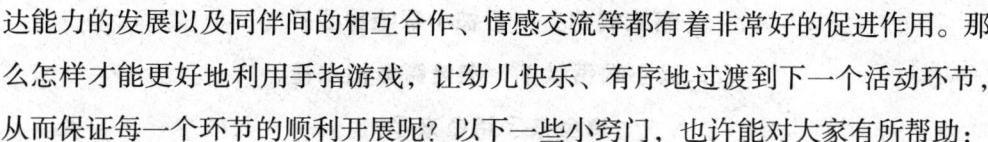

达能力的发展以及同伴间的相互合作、情感交流等都有着非常好的促进作用。那么怎样才能更好地利用手指游戏，让幼儿快乐、有序地过渡到下一个活动环节，从而保证每一个环节的顺利开展呢？以下一些小窍门，也许能对大家有所帮助：

（1）尝试变一变，保持新鲜感。幼儿对新鲜事物会产生好奇，但是一段时间过后就会失去兴趣。玩手指游戏也是这样，幼儿在玩了一段时间后，就会玩腻，提不起兴趣。这时候，如果教师能尝试做出一些小小的改变，就会有意外的收获。以《鳄鱼来了》这个手指游戏为例，在念到最后一只猴子时，教师可以来个出其不意："一只猴子荡秋千，嘲笑鳄鱼被水淹，鳄鱼来了鳄鱼来了，我溜溜溜！"即将原来的"啊呜啊呜，一只小猴被吃掉了"替换为"我溜溜溜"，然后将最后一个手指藏到胳肢窝下面，做出得意的表情。这样一来，就能再次点燃幼儿对游戏的热情。

（2）角色分一分，合作真快乐。一些手指游戏会涉及不同的角色，比如《你是我的心肝宝贝》中就涉及"大拇哥"、"二拇弟"、"三阿姐"、"四小弟"、"小妞妞"五个角色，可以让幼儿尝试与教师或同伴进行角色分工，每人扮演其中一个角色，等念到最后两句的时候，再一起念。有了合作互动，手指游戏变得更加形象生动了。

（3）课件存一存，积累力量大。随着时间的推移，幼儿积累的手指游戏多了，有些可能会被遗忘，教师可以尝试将幼儿学过的手指游戏以图片或录音的形式制作成课件，在餐点前后、教学游戏活动转换等过渡环节，打开课件，让幼儿自主选择。这样一来，以前学过的手指游戏就不容易被遗忘，新学的手指游戏也能及时得到巩固，时间久了，也是一笔无形的"财富"。

附：手指谣

鳄鱼来了

五只小猴荡秋千，嘲笑鳄鱼被水淹，

鳄鱼来了鳄鱼来了，

啊呜啊呜，一只小猴被吃掉了；

四只小猴荡秋千，嘲笑鳄鱼被水淹，

鳄鱼来了鳄鱼来了，

啊呜啊呜，一只被小猴吃掉了；

三只小猴荡秋千，嘲笑鳄鱼被水淹，

鳄鱼来了鳄鱼来了，

啊呜啊呜，一只小猴被吃掉了；

两只小猴荡秋千，嘲笑鳄鱼被水淹，

鳄鱼来了鳄鱼来了，

啊呜啊呜，一只小猴被吃掉了；

一只小猴荡秋千，嘲笑鳄鱼被水淹，

鳄鱼来了鳄鱼来了，

啊呜啊呜，一只小猴被吃掉了。

虫

大树下面有个洞，洞里住着小虫虫。

大虫出来探探头，二虫出来弯弯腰，

三虫出来转一圈，四虫慢慢爬出洞，

小虫胆子最最小，就是不敢爬出洞。

小虫小虫你别怕，大家一起爬出洞。

两只小鸟

两只小鸟坐在大树上，

它叫丁丁，它叫东东，

丁丁飞走了，喷！东东飞走了，

回来吧丁丁，回来吧东东。

牵牛花爬高楼

牵牛花，爬高楼；

高楼高，爬树梢；

树梢长，爬东墙；

第九章　活动环节巧衔接——轻松来过渡

东墙滑，爬篱笆；

篱笆细，不敢爬；

躺在地上吹喇叭。

嘀嘀嗒，嘀嘀嗒。

你是我的心肝宝贝

大拇哥，

二拇弟，

三阿姐，

四小弟，

小妞妞来看戏，

手心，手背，

你是我的心肝宝贝。

手 指 操

大门开开进不来，

二门开开进不来，

三门开开进不来，

四门开开进不来，

五门开开我进来。

猜猜在哪头

公鸡头，

母鸡头，

笃笃笃，

在哪头？

在这头，

在那头，

猜猜到底在哪头？

(江苏省太仓市实验幼教中心 宵芳)

68. 少控制多自主，过渡环节更从容

教师在组织过渡活动时，仍有较多集体进行的、幼儿要等待的环节存在。虽然这些环节是零碎的、短时的，但也无形中占去了幼儿许多自由活动的时间，这是一种对时间的隐性浪费。那么如何充分利用过渡环节的时间，避免浪费，让幼儿活动得更自主，让教师组织得更从容呢？

案例呈现

一天，园长去听中三班薇薇老师的课。集体活动前的自由活动时，园长走进教室，薇薇老师正忙着组织孩子们如厕、喝水。部分孩子在盥洗室，部分孩子正坐着等待，薇薇老师招呼道："第四组的小朋友快来上厕所，上完厕所别忘了喝水哦。"等每组孩子轮流如厕、喝水后，薇薇老师又组织值日生，分发接下来活动中需要使用的幼儿读物。分发完毕，薇薇老师赶紧弹琴让孩子们整理玩具，安静地坐下来开始活动。那些最后上厕所、喝水的孩子，刚拿出玩具准备活动，整理的琴声就已响起，只好不情不愿地把玩具放了回去。

当天，园长和薇薇老师进行了沟通，谈话时提到了过渡环节的组织。园长说："薇薇，你有没有发现，你在活动转换环节时非常忙乱？"薇薇点点头。园长继续说："你让孩子轮流完成上厕所、喝水这两个'必须项目'后才能做自己喜欢的事情，这样真正属于孩子的自由活动时间很少，很多时间在等待中浪费了。而且孩子在如厕、喝水的过程中，你一直在盯着，生怕有的孩子没有完成，这样你准备集体活动材料时就很匆忙。你细心的提醒可能避免了孩子没有及时如厕和喝水，但是也要注意组织的策略，让自由活动时孩子能更自主，老师也能更从容。"

针对园长的建议，薇薇老师进行了反思：每次集体活动开始前的过渡环节她

第九章 活动环节巧衔接——轻松来过渡

真是手忙脚乱，就怕孩子会完成不好，所以进行了过多的管理和干预，这样占用了很多孩子的时间，甚至影响了活动的正常开展。打开电脑，薇薇把自己的反思记录下来，随后她习惯性地看了一下电脑桌面上的一周工作提示板，突然想到：自己每周都会在桌面上整理出本周工作计划，以免遗漏疏忽，过渡环节是不是也可以利用这样有条理、有计划的提醒让时间得到充分利用，让幼儿主动参与呢？

第二天，薇薇老师开始收集孩子们过渡环节活动的照片，如洗手、喝水、照顾自然角、分发教玩具、玩小游戏、看图书等。午餐后，薇薇老师播放收集的照片请孩子们讨论："孩子们，看看老师拍的照片，这些事情都是什么时间可以做的？"孩子们七嘴八舌议论开了。

薇薇老师接着说："没错，这些都是自由活动时间小朋友们可以做的事情。你们再来想一想，你们在做这些事情的时候，遇到过什么问题？"话音刚落，很多孩子就举起了手。"老师，玩玩具的时间太少了！""喝水时很挤的，要等很久。""老师，轩轩一直忘记做值日生工作，我都要帮他放东西。"

薇薇老师又接着问："自由活动时间不长，可以做的事情却很多，我们怎么安排呢？你们觉得哪些事情是比较重要的事情，不能忘了做？哪些事情不用那么着急，可以慢慢来呢？"讨论中，孩子说了很多，有的觉得如厕、喝水很重要；有的觉得值日生完成自己的任务很重要；还有的说如厕、喝水时小朋友们如果都一起去会很挤，可以趁空的时候再去。听了孩子们的想法，薇薇老师和他们一起在照片旁加上了简单的记号和文字说明，张贴在靠近盥洗室的墙面上。

薇薇老师说："这是我们大家一起讨论的，大家要互相提醒。有了这些提醒，我们就知道哪些事情很重要，不能忘记；哪些事情做的人很多，要耐心等待，不要拥挤；哪些事情不用着急，可以慢慢来。"

接下来的一段时间，薇薇老师观察了孩子们的自由活动情况，他们会互相提醒，也因为有了图片的提醒，孩子们可以做的事情多了。至于底板上的图片，薇薇老师根据孩子活动兴趣和内容的变化进行了丰富的调整。墙面上陆续增加了很多的小提示，比如自由活动时值日生的职责，整理玩具时分类摆放的规则等。薇薇老师还让孩子自己来绘画，把这些小提示美化后张贴在合适的地方。

薇薇老师不再感到忙乱，幼儿的活动也变得井然有序。

笔者曾看过这样一段话:"幼儿园的一日活动中需要过渡环节,不仅是为了适应日常教学活动有节奏的更替的需要,还是为了适应幼儿日常身心活动有节奏的更替的需要。我们要意识到幼儿在活动中身心转换的需求,而不能单纯考虑教学转换的需要。不同的幼儿有不同的身心转换节奏,不能用划一的标准来加以转换。"正因为如此,教师需要用适宜的方法来处理这两种节奏的转换,组织好每一个过渡环节,在尊重幼儿身心发展需要的同时保证活动的顺利进行。

案例中,薇薇老师在组织过渡环节时,原本采用了集体加分散的方式,先组织幼儿去如厕、喝水,再让幼儿自由活动。这样的方式可以提醒一些不主动如厕和喝水的孩子,但缺点正如案例中园长所说的,占用的时间长,幼儿消极等待的时间过多,而且活动中幼儿的主动性不够,易产生依赖。而薇薇老师经过反思做了调整,去掉了集体统一安排如厕、喝水的环节,而让幼儿自主安排。薇薇老师组织孩子讨论,把这个时间段幼儿可以做的和应该做的事情,用图片的形式呈现出来,帮助孩子达成共识,互相提醒,把"要我做……"变成"我可以做……",让幼儿更自由、更从容、更好地进行集体活动环节后的放松和调整,也避免了教师的过多提醒、干预和管理,可以让教师有更多的时间观察幼儿,做好下一个活动的准备工作。

过渡环节意为"承上启下",而在幼儿一日活动中的过渡环节,减少不必要的管理行为和集体行动,让幼儿自主安排,不仅"解放"了教师,也"解放"了幼儿,可以使他们更轻松愉悦,把情绪调节到更佳状态,为开展下一环节的活动积聚能量。

(江苏省太仓市艺术幼教中心 吴颖颖)

69. 我值日,我管理

幼儿在园的一日活动内容是丰富多彩的,安排得好可以环环相扣、吸引幼儿,使每个环节都具有教育意义,让幼儿从中得到发展。但实际操作中总是免不了有一些过渡、等待的时间，如何让这些时间不白白流失，既能放松幼儿的身心，又能为下一个活动做好准备，是值得教师推敲的。在林林总总的过渡环节中，值日生起到了一定的辅助和调节作用，他们的工作虽说不起眼，却很有意义。

案例呈现

再过一会儿就要到集体教学活动时间了，孩子们有的还在吃点心，有的在喝水，有的则已经静静地坐在了椅子上……教师一边观察着幼儿的活动情况，一边做好保育工作。这时，值日生乾乾走到教师跟前急切地问："老师，今天的座位排成什么样？"教师轻声地说："今天是数学活动，就排成两个半圆形吧。"乾乾点点头，"哦"了一声就走了。只见他来到场地中间，有条不紊地指挥那些已经吃完点心的小伙伴一起来排椅子，时不时地还上前帮助小伙伴调整椅子的位置。当个子矮矮的文斌搬着椅子过来时，乾乾紧走两步连忙接过椅子，并把他安排在前一排的位子就座。就在乾乾努力地安排小朋友们的座位时，另一位值日生小溪则站在"自带玩具柜"前，从容地提醒小朋友们有序地来拿玩具进行自主活动，有的小朋友不想玩玩具或者是自己没有带玩具，小溪就耐心地询问他们："今天有很多手工纸，你就拿手工纸来折纸，好吗？"大部分幼儿都非常乐意。小溪于是拿出老师和小朋友一起收集的各种废旧纸张，供大家挑选。抽空，小溪还会走到没吃完点心的小朋友身旁，轻声地提醒他们："快点吃，看他们（指着先吃完点心的小朋友）玩得多开心啊！。"

众所周知，幼儿园一日活动中的过渡环节很多，但是吃完点心后到集体活动开始这段时间是属于比较难处理的。因为它不但涉及保育方面的生活照料、习惯培养等要求，还涉及教学方面的学习环境创设、学习材料准备等内容，实施起来有点难度。在这段时间里，既不能放任幼儿完全自由地活动，也不能限制幼儿的行动，怎样做到让幼儿自主而有序地活动，直接考验教师的组织智慧。在具体实施过程中，小小值日生能起到很好的督促和引导作用，使教师的"手"和"眼睛"在一定程度上得到了解放。值日生参与过渡环节的管理有很多好处，我们可以从多个角度来分析。

（1）**从值日生自身的发展角度来看**。他们在参与过渡环节的管理时，俨然班级管理的小主人。从乾乾问老师如何摆放座位，到小溪安排同伴折纸，无不折射出他们的主人翁精神。这时候，他们已经进入角色，主动承担起值日生的工作职责，积极思考解决问题。让值日生参与管理，不但增强了值日生的工作责任心和为同伴服务的意识，也加强了他们与同伴的交流、互动，形成了遇到问题勇于去想办法解决的意识，培养了他们根据实际情况灵活做出反应的能力。

（2）**从其他幼儿的角度来看**。他们虽然不是值日生，但他们知道做值日生是一件非常光荣的事情，也了解值日生的主要工作，所以大部分幼儿都会配合值日生的工作，碰到问题能去和值日生商量，交流自己的一些看法，提出一些需要。有时，可能有一小部分幼儿会挑战值日生这个"权威"，发生一些矛盾、争执，但正是在这些矛盾的产生、调解和解决中，幼儿得到了历练和成长。

（3）**从教师的角度来看**。在许多过渡时间里，教师兼顾保育和教育两方面的工作，要做到面面俱到是比较难的。比如在吃完点心后、集体教学活动开始前的这段时间里，教师既要关注还没吃完点心的幼儿，又要管理好已经吃完点心的幼儿，还要为接下来的活动做好准备，有时候确实心有余而力不足。有了值日生参与过渡环节的管理后，幼儿的自我管理意识和活动自主性增强了，担任值日生的幼儿有了更明确的任务意识，而其他幼儿因为都有过做值日生的经历，所以大都能配合值日生的工作。这样一来，教师可以把精力更多地放到关注幼儿的情绪以及为幼儿创设适宜的学习环境方面，既避免了不必要的管理行为，又引导幼儿学会了自我管理。

值日生工作涉及一日活动各个环节，有效地利用幼儿做值日生的积极性和主动性，发挥其"正能量"，是提升教师班级管理能力的一个重要突破口，也是需要教师去不断研究和实践的一个课题。

（江苏省太仓市浏河镇幼教中心　梅燕芳）

万千教育 学前教育类书目

书号	书名	著、译者	定价(元)
\multicolumn{4}{c}{幼儿园一日活动设计指导系列}		
9952	幼儿园一日生活过渡环节的组织策略	吴文艳 主编	28.00
8469	幼儿园一日生活环节的组织策略	宋文霞 等 主编	36.00
9531	幼儿园一日活动教育细节69例	王明珠 主编	28.00
0158	幼儿园大型活动组织与策划手册	李春玲 著	35.00
幼儿园一日活动设计指导系列合计			127.00
\multicolumn{4}{c}{幼儿园教师教学技能与活动指导}		
2253	理解儿童心理从绘画开始（全彩）	陈侃 著	38.00
0760	幼儿园备课·说课·听课·评课	俞春晓 等 著	42.00
8598	幼儿园集体教学活动设计方法与实例	俞春晓 著	28.00
9499	幼儿教师必须修炼的10项教学技能	俞春晓 著	25.00
9454	幼儿园教学诊断技巧与对策58例	王春燕 等 著	38.00
1799	幼儿园电影主题活动创意设计（全彩）	王微丽 等 主编	72.00
9612	幼儿园综合主题活动 ——设计技巧与优秀案例	赵旭莹 等 主编	42.00

编号	书名	作者	定价
1235	幼儿园绘本美术活动创意设计（全彩）	郭莉萍 赵福云 主编	68.00
9323	幼儿园美术活动创意设计（全彩）	罗梅 赵福云 主编	56.00
0180	给幼儿教师和家长的81条美术教育建议（全彩）	李力加 著	62.00
9150	幼儿园节日活动精彩设计方案	刘洪霞 主编	35.00
9590	幼儿园语言活动创新设计	郭咏梅 著	32.00
0157	幼儿园优秀语言活动设计70例	郭咏梅 主编	26.00
0453	幼儿园优秀体育活动设计99例	朱清 侯金萍 主编	45.00
9892	幼儿园优秀美术活动设计99例（全彩）	陈学群 余晖 主编	58.00
9591	幼儿园优秀健康活动设计80例	范惠静 主编	38.00
9439	幼儿园优秀社会活动设计65例	伍香平 主编	25.00
9385	幼儿园优秀科学活动设计88例	董旭花 主编	35.00
9951	幼儿园科学探究故事20例	王明珠 主编	40.00
幼儿园教师教学技能与活动指导合计			805.00
幼儿园区域活动指导			
1935	幼儿园户外环境创设与活动指导（全彩）	董旭花 等 著	72.00
2103	幼儿园社会区材料设计与评价（四色）	王微丽 霍力岩 主编	60.00
1950	幼儿园科学区材料设计与评价（全彩）	王微丽 霍力岩 主编	60.00

……
欲了解更多图书信息，请登录：www.wqedu.com
联系地址：北京市西城区三里河路6号院2号楼213室 万千教育
咨询电话：010-65181109，65262933
*本目录定价如有错误或变动，以实际出书为准。